Jack Trout | Steve Rivkin
Die Macht des Einfachen

**Warum komplexe Konzepte scheitern
und einfache Ideen überzeugen**

UEBERREUTER

Die Deutsche Bibliothek – CIP-Einheitsaufnahme

Trout, Jack:
Die Macht des Einfachen : warum komplexe Konzepte scheitern und einfache Ideen überzeugen / Jack Trout ; Steve Rivkin. – Wien : Wirtschaftsverlag Ueberreuter, 1999
(Manager-Magazin-Edition)
Einheitssacht.: The power of simplicity <dt.>
ISBN 3-7064-0595-4

Unsere Web-Adressen:

http://www.ueberreuter.at
http://www.ueberreuter.de

S 0493   1 2 3 / 2001 2000 1999

Alle Rechte vorbehalten
Aus dem Amerikanischen von Marcus Erbe
Originaltitel: „The Power of Simplicity: A Management Guide to Cutting through The Nonsense And Doing Things Right", erschienen bei McGraw-Hill Inc., New York
Copyright © 1999 by McGraw-Hill
Copyright © 1999 der deutschsprachigen Ausgabe 1999
by Wirtschaftsverlag Carl Ueberreuter, Wien/Frankfurt
Umschlag: INIT, Büro für Gestaltung
Druck: Ueberreuter Print

Gewidmet den Überforderten und Verwirrten,
die spüren,
daß es einen einfacheren Weg gibt

Inhalt

Einführung 9

DIE GRUNDLAGEN DES EINFACHEN

1. Einfachheit:
   Warum sich so viele davor fürchten 13
2. Gesunder Menschenverstand:
   Er kann vieles vereinfachen 21
3. Komplizierte Sprache:
   Sie kann den Verstand umnebeln 29

FRAGEN DES MANAGEMENTS

4. Information:
   Zuviel davon kann verwirrend sein 41
5. Unternehmensberater:
   Ursprung von sehr viel Unsinn 51
6. Konkurrenten:
   Betrachten Sie sie einfach als Ihre Feinde 61
7. Strategie:
   Differenzierung ist alles 71
8. Konzentration auf den Kunden: *Eine Grundvoraussetzung, kein Unterscheidungsmerkmal* 81
9. Jahresbudget:
   Eine einfache Methode, Ihr Geld zu vermehren 93
10. Preise:
    Einfache Richtlinien für ihre korrekte Festlegung ... 101

FRAGEN DER UNTERNEHMENSFÜHRUNG

11. Firmenphilosophie:
    Sie vergrößert nur die Verwirrung 115
12. Führerschaft:
    Es geht darum, den Angriff zu führen 123
13. Langfristige Planung:
    Es handelt sich um reines Wunschdenken 135
14. Organisation: *Je einfacher, desto besser* 145
15. Marketing:
    Einfache Ideen in eine Strategie verwandeln 155
16. Neue Ideen: *Bereits Bekanntes ist einfacher* 167
17. Unternehmensziele:
    Sie klingen gut, aber bringen wenig 179
18. Wachstum:
    Es kann Ihrem Unternehmen schaden 185

PERSONALFRAGEN

19. Motivation: *Anstrengung allein genügt nicht* 197
20. Persönliche Weiterentwicklung:
    Des Kaisers neue Kleider 205
21. Erfolg: *Es geht darum,
    auf das richtige Pferd zu setzen* 219
22. Die Kritiker: *Einfachsein ist nicht leicht* 229

SCHLUSSBEMERKUNG

23. Einfachheit: *Ihre Kraft ist ungebrochen* 237

Anmerkungen 249
Eine einfache Literaturliste 251

Einführung

Vor einigen Jahren, als John Sculley noch der Chef von Apple Computer war, hielt er einen Vortrag, in dem er eine unserer Meinung nach brillante Beobachtung machte: *„Alles, was wir im Industriezeitalter gelernt haben, ist dazu angetan, größere Komplexität zu schaffen. Ich glaube, heute verstehen mehr und mehr Menschen, daß wir vereinfachen und nicht verkomplizieren müssen. Das Einfache ist die wirkliche Weiterentwicklung."*

Zu seinem Unglück nahm John sich diese seine Worte nicht genug zu Herzen und setzte auf ein äußerst kompliziertes Produkt namens Newton, das als ein „digitaler, persönlicher Assistent" am Markt eingeführt wurde. Nichts daran war besonders einfach. Das Produkt wurde ein Fehlschlag, und John wurde gefeuert.

Aber Mister Sculley hatte nicht ganz unrecht. Die rasende technologische Weiterentwicklung, die hohe Kommunikationsgeschwindigkeit, die Komplexität der globalen Wirtschaft und das immer schneller werdende Geschäftsleben haben eine Umgebung geschaffen, die unseren Verstand umnebelt.

Es ist daher kein Wunder, daß so viele Firmen auf der Suche nach Hilfe oder Klarheit von einem Unternehmensberater zum nächsten laufen, oder daß so viele Führungskräfte wieder die Schulbank drücken oder Selbsthilfegruppen aufsuchen, um erfolgreicher zu werden. An Leuten, die bereit sind, ihr Geld in Empfang zu nehmen, gibt es mittlerweile keinen Mangel.

Nun, meine Damen und Herren, so kompliziert ist das Geschäftsleben gar nicht. Es gibt einfach nur zu viele Menschen, die es kompliziert machen. Das beste Mittel gegen Komplexität ist das Einfache. Die Zukunft gehört, wie Mister Sculley angedeutet hat, den einfach Denkenden.

Um dieses Problem in größerem Zusammenhang betrachten zu können, haben wir uns Zeiten zugewendet, von denen wir glaubten, sie seien einfacher gewesen. Wir stellten jedoch rasch fest, daß berühmte Denker bereits seit Jahrzehnten die Bedeutung des Einfachen predigen. (Viele von ihnen werden in diesem Buch zitiert.) Das Problem der Komplexität scheint, mit anderen Worten, schon immer existiert zu haben; es ist ein Teil der menschlichen Natur.

Die Zeit schien reif für einen weiteren Vorstoß gegen die Komplexität, in die sich nach wie vor so viele Unternehmen verstricken. Wir wollten ganz einfach die grundlegenden Unternehmenspraktiken betrachten, die Anlaß geben zu endlosen Diskussionen, Schriften, Consulting, Kopfzerbrechen und gelegentlich totalen Fehlentscheidungen.

Dabei geht es um große Fragen, wie Unternehmensführung und -organisation, ebenso wie um alltägliche Probleme, wie Preispolitik und Marketing. In jedem dieser Fälle geht es uns im wesentlichen darum herauszuarbeiten, wie man es richtig macht.

Wir garantieren Ihnen, daß Sie irgendwo in diesem Buch auf Einsichten stoßen werden, die Ihr Leben viel einfacher und Ihr Unternehmen erheblich effektiver gestalten können.

Jack Trout

Die Grundlagen des Einfachen

Einige fürchten sich davor, aber es hilft beim Denken und Sprechen in einfachen Begriffen.

KAPITEL 1

Einfachheit

Warum sich die Menschen so sehr davor fürchten

Als „einfach" bezeichnet zu werden, ist zu keiner Zeit ein Vorteil gewesen. Wurde man „einfach" oder gar „einfältig" genannt, so war dies ausdrücklich negativ. Es sollte heißen, man sei blöde, leichtgläubig oder dümmlich. Kein Wunder also, daß sich die Menschen davor fürchten, einfach zu sein.

Wir nennen dies den „Fluch des Einfaltspinsels". Fragt man Psychologen nach dieser Angst, drücken sie sich recht kompliziert aus. (Wen überrascht das schon.) Der Psychologe John Collard am Institute of Human Relations der Universität Yale machte sieben weitverbreitete Formen von Ängsten aus. Jeder von uns kennt einige davon:

1. Angst vor Versagen
2. Angst vor Sex
3. Angst vor Selbstverteidigung
4. Angst, anderen zu vertrauen
5. Angst vor dem Denken
6. Angst vor dem Sprechen
7. Angst, allein zu sein

Das Verlangen, nicht einfach zu sein – also nicht nach einfachen Lösungen zu suchen – scheint der 5. Kategorie, der „Angst vor dem Denken", zu entspringen.

Das Problem besteht darin, daß wir uns, statt selbst nachzudenken, auf das Denken anderer verlassen. (Aus diesem Grund wird der weltweite Umsatz von Unternehmensberatern bis zum Jahre 2000 voraussichtlich auf 114 Milliarden angewachsen sein.)

Dazu Doktor Collard: „Denken ist nicht nur harte Arbeit, sondern viele Menschen fürchten sich schon vor dem Vorgang selbst. Sie sind unterwürfig und gehorsam und folgen bereitwillig den Vorschlägen anderer, weil sie sich so die Mühe ersparen, selbst denken zu müssen. Wenn es um Kopfarbeit geht, verlassen sie sich auf andere und wenden sich schnell einem Beschützer zu, sobald sie in Schwierigkeiten geraten."

Diese Angst vor dem Denken hat tiefgreifende Auswirkungen auf das Nachrichtengeschäft. Einige fürchten gar, daß es keine Zukunft mehr haben könnte.

Dem Zeitungskolumnisten Richard Reeves zufolge könnte das „Ende der Nachrichten" kurz bevorstehen. Die Nachrichtenflut im sich ständig wandelnden modernen Leben schreckt die Menschen ab. Die Nachrichtenkonsumenten sind „nicht interessiert an komplizierten und emotional belastenden Meldungen, die sie an ihre eigenen Enttäuschungen und ihre Machtlosigkeit erinnern".

Vermutlich hat Reeves hinsichtlich der zunehmenden Vermeidung von Komplexität recht. Die Menschen wollen nicht denken.

Genau aus diesem Grunde ist das Einfache so mächtig. Die übertriebene Vereinfachung eines komplexen Sachverhalts macht es den Menschen leicht, eine Entscheidung zu treffen, ohne sich zu viele Gedanken machen zu müssen. Erinnern wir uns nur an den äußerst komplizierten Mordprozeß gegen O. J. Simpson und daran, wie Johnnie Cochran den Kern seines Verteidigungsplädoyers in einem einzigen griffigen Satz zusammenfaßte: „If the glove doesn't fit, you must acquit." Wenn der Handschuh, eines der wichtigsten Beweismittel der

Anklage, dem Angeklagten nicht paßt, so sagte der Verteidiger den Geschworenen, müßten sie ihn freisprechen.

„Wenn Ihr Skandal kompliziert genug ist, werden Sie der Anklage garantiert entkommen", sagte die Redenschreiberin Peggy Noonan in bezug auf die Whitewater-Affäre, die, im Gegensatz zu Watergate, nicht so pointiert zusammenzufassen war, wie es die meisten Menschen wünschen.

Die Psychologin Dr. Carol Moog betrachtet das Problem dagegen von einem anderen Blickwinkel aus. Sie stellt in unserer Gesellschaft eine „paranoide Angst vor Auslassung" fest. Allgemein herrsche das Gefühl, sämtliche Optionen müßten offen bleiben, da man jeden Moment angegriffen werden könne. Man darf also nichts übersehen, weil dies das Ende der Karriere bedeuten könnte.

Wenn Sie, mit anderen Worten, nur eine einzige Idee haben, und diese scheitert, fehlt es Ihnen an einem Sicherheitsnetz. Da wir alle so erfolgsorientiert sind, wird unsere größte Angst, die „Angst zu versagen", noch verstärkt.

Mit einer einfachen Idee fühlt man sich verwundbar, hat man mehrere, kann man sich absichern.

Unsere Allgemeinbildung ebenso wie die meisten Managementschulungen lehren uns, jede Variable zu beachten, jede Option aufzuspüren und jeden Blickwinkel zu analysieren. Heraus kommt dabei eine verwirrende Komplexität, und die Klügsten unter uns erarbeiten die kompliziertesten Vorschläge und Empfehlungen.

Wenn wir jedoch damit beginnen, die unterschiedlichsten Lösungsansätze zu erarbeiten, begeben wir uns unglücklicherweise auf eine Reise ins Chaos. Man endet mit widersprüchlichen Ideen und Menschen, die orientierungslos in entgegengesetzte Richtungen laufen. Einfachheit erfordert eine Beschränkung der Optionen und die Rückkehr zu einem einzigen Pfad.

Doktor Moog machte auch einige interessante Beobachtungen zu Managementtrends. Diese sind für sie wie Filmstars, in die wir uns alle verlieben.

Der neueste Managementtrend kommt in einem attraktiven Buchumschlag daher und wird von einem dynamischen Redner vorgestellt, der über das verfügt, was wir alle lieben: Charisma. Ob ich dieses Filmsternchen verstehe oder nicht, ist unwichtig, denn ich bin verliebt. Außerdem fürchten wir uns davor, an jemandem Erfolgreichen zu zweifeln, oder seine angeblich großen Ideen offen zu hinterfragen. (Dahinter verbirgt sich die „Angst zu sprechen".)

Am besten geht man mit diesen ganz natürlichen Ängsten um, indem man sich auf das Problem konzentriert. Auf genau dieselbe Weise vermeidet eine Ballettänzerin, daß ihr beim Ausführen einer Pirouette schwindlig wird. Sie konzentriert sich bei jeder Drehung auf eine bestimmte Stelle im Publikum.

Natürlich müssen Sie zunächst erkennen, auf welches Problem Sie sich konzentrieren sollten. Die Firma Volvo, zum Beispiel, muß die Aufmerksamkeit darauf richten, die Führungsrolle im Bereich Sicherheit zu behalten, die ihr andere Unternehmen streitig machen wollen.

Das ist ziemlich einleuchtend. Aber manchmal ist das Problem nicht so offenkundig. Das erfuhr in jüngster Zeit Procter & Gamble, eine der weltweit führenden Verkaufsorganisationen. Man hätte annehmen können, das Problem bestünde darin, wie die Firma mehr verkaufen könnte.

Doch die neue Firmenleitung erkannte das wirkliche Problem. Braucht die Welt wirklich 31 Variationen von „Head and Shoulders"-Shampoo oder 52 Versionen von Crest? Der Vorstandsvorsitzende von P&G sagte dazu in der Zeitschrift „Business Week": „Es ist verrückt, wie schwer wir es den Verbrauchern im Laufe der Jahre gemacht haben."(1)

Weiter hieß es in dem Artikel, er und Geschäftsführer John Pepper seien zu der Erkenntnis gekommen, nach jahrzehntelanger Vermarktung von immer wieder neuen und verbesserten Produkten mit Zitronenfrische oder ähnlichem oder solchen in Extra-Super-Größe, müsse P&G einsehen, daß die Firma zu viele unterschiedliche Dinge anbiete.

Die Lösung dieses Problems war einfach, wenngleich sich die Umsetzung als kompliziert herausstellte. Das Unternehmen vereinheitlichte die Produktgestaltung und schränkte die komplizierten Sonderangebote und Gutscheinsysteme ein. 27 Sonderangebote wurden vom Markt genommen, darunter Bonus Packs und die absonderliche Beigabe von lebenden Goldfischen an Käufer von Spic & Spac. (Während des Transports im Winter sind viele der Tiere erfroren.) Außerdem gab P&G einige Randmarken auf, verringerte das Sortiment und hielt sich mit der Einführung neuer Produkte zurück.

Wo es also weniger zu verkaufen gab, müßte der Umsatz demnach zurückgegangen sein, oder? Falsch. Allein im Bereich der Haarpflege konnte die Firma durch die Halbierung der Produktmenge ihren Marktanteil um 5 Prozent erhöhen.

Unsere Freunde bei P&G haben sich ganz sicher nicht vor dem Einfachen gefürchtet, sondern machten es sich zunutze, um ihren Absatz um ein Drittel zu steigern.

Das ist die Macht des Einfachen.

EINFACHE ZUSAMMENFASSUNG

Komplexität ist nicht bewundernswert, sondern zu vermeiden.

KAPITEL 2

Gesunder Menschenverstand

Er kann vieles vereinfachen

Mit Hilfe von Sprache, Logik und schlicht und einfach gesundem Menschenverstand sind die entscheidenden Punkte herauszufinden und eine konkrete Vorgehensweise festzulegen.

Abraham Lincoln

Das beste Mittel gegen die Furcht vor dem Einfachen ist der gesunde Menschenverstand. Unglücklicherweise lassen die meisten Menschen ihren Verstand auf dem Parkplatz zurück, bevor sie zur Arbeit gehen.

Henry Mintzberg, ein Professor für Management an der McGill Universität, sagte einmal: „Management ist ein merkwürdiges Phänomen. Es ist großzügig bezahlt, außerordentlich einflußreich und bemerkenswert frei von gesundem Menschenverstand." (2)

Der gesunde Menschenverstand beruht auf allgemeingültigem Wissen. Es handelt sich um Einsichten, die in einer Gesellschaft insgesamt als wahr betrachtet werden.

Einfache Ideen sind häufig einleuchtend, weil sie eine gewisse Wahrkeit beinhalten. Doch die Menschen mißtrauen ihren Instinkten. Sie haben das Gefühl, es müsse eine verborgene, kompliziertere Wahrheit geben. Das ist falsch. Was Ihnen einleuchtend erscheint, ist anderen oft ebenso klar. Genau aus diesem Grunde funktionieren Lösungen, die einleuchtend sind, so gut am Markt.

Eines der Geheimnisse der Management-Gurus besteht darin, eine einfache, einleuchtende Idee komplex darzustellen. Dieses Phänomen wurde in einem Kommentar des Magazins *Time* über ein Buch von Stephen Covey beobachtet:

> „Sein Genie besteht darin, einen einleuchtenden Sachverhalt kompliziert zu gestalten, und infolgedessen sind seine Bücher graphisch chaotisch. Tabellen und Diagramme

überfüllen die Seiten. Randeinschübe und Kästen zerhacken die Kapitel in kleine Häppchen. Sein Stil ist durchsetzt von Fachkauderwelsch, wie Empowerment, Modellierung, Mitarbeiterdynamik oder Vertreter des Wandels, ohne das seine Bücher zusammensacken würden wie ein geplatzter Reifen. Er verwendet mehr Ausrufungszeichen als Gidget." (3)

Schaut man im Wörterbuch unter „gesunder Menschenverstand" nach, wird der Begriff definiert als verbreitetes, klares Urteilsvermögen, frei von gefühlsmäßiger Voreingenommenheit oder intellektuellen Spitzfindigkeiten und unabhängig von speziellen Kenntnissen.

Mit anderen Worten, Sie sehen die Dinge so, wie sie wirklich sind. Sie folgen dem Diktat der kühlen Logik und schalten bei Ihrer Entscheidung sowohl Gefühl als auch Eigennutz aus. Nichts könnte leichter sein.

Im vorherigen Kapitel erkannte die neue Betriebsführung von Procter and Gamble die Welt des Supermarktes so, als das, was sie wirklich ist: verwirrend. Diese klare Einsicht führte das Management zu der simplen, auf gesundem Menschenverstand basierenden Strategie, die Sache zu vereinfachen.

Überlegen Sie sich folgendes: Wenn Sie zehn beliebige Leute fragen, wie gut sich ein Cadillac verkaufen würde, der wie ein Chevrolet aussieht, würde wohl so ziemlich jeder von ihnen antworten: „Nicht besonders gut."

Diese Leute gründen ihr Urteil einzig und allein auf ihrem gesunden Menschenverstand. Sie verfügen weder über Daten noch Forschungsergebnisse, um ihre Schlußfolgerung zu belegen. Sie haben auch weder technisches Fachwissen noch besondere intellektuelle Fähigkeiten. Ein Cadillac ist für sie ein großes, teures Auto, ein Chevrolet dagegen ein kleinerer, günstigerer Wagen. Sie sehen die Dinge so, wie sie wirklich sind.

Die Verantwortlichen bei General Motors dagegen betrachten die Welt nicht so, wie sie ist, sondern so, wie sie sie haben wollen. Der gesunde Menschenverstand wurde ignoriert, und heraus kam der Cimarron. Kein Wunder, daß er sich nicht gut verkaufte. (Und das ist noch milde ausgedrückt.)

Hat man diese Lektion gelernt? Scheinbar nicht. Nun hat GM den Catera herausgebracht, einen weiteren Cadillac, der wie ein Chevrolet aussieht. Genau wie sein Vorgänger wird er sich wahrscheinlich nicht besonders gut verkaufen, weil die Sache keinen Sinn ergibt. Das wissen Sie genausogut wie ich. General Motors will es nicht wissen.

Für Leonardo da Vinci war der menschliche Geist ein Labor, in dem die über Augen, Ohren und die anderen Sinnesorgane erfaßten Daten gesammelt und dann durch das Organ des menschlichen Verstandes kanalisiert wurden. Er ist, mit anderen Worten, eine Art Übersinn unter den anderen Sinnesorganen, und genau diesem Übersinnesorgan weigern sich viele in der Geschäftswelt zu vertrauen.

Vielleicht sollten wir dieses Urteil etwas korrigieren: Nicht nur im Geschäftsleben wird der gesunde Menschenverstand ignoriert. Betrachten wir nur die komplizierte Welt der Volkswirte, in der so hart daran gearbeitet wird, schlauer zu sein als der gesunde Menschenverstand.

Nichts genießen Volkswirte mehr, als dem Uneingeweihten mitzuteilen, die simplen Sinneswahrnehmungen seien falsch. Sie neigen dazu, die menschliche Natur zu ignorieren, und erklären, die Menschen seien „Maximierer von

Nutzwert". In der Sprache der Ökonomen werden wir zu „Kalkulatoren des Eigennutzes". Wenn wir nur über genug Informationen verfügten, so glaubt der Ökonom, würde jeder von uns rationale Entscheidungen treffen.

Jeder, der eine Weile in der Welt des Marketing zugebracht hat, wird erkennen, daß sich die Menschen gelegentlich recht irrational verhalten. Im Augenblick werden wir gerade von Autos mit Vierradantrieb überschwemmt, die entwickelt wurden, um abseits der Straßen zu fahren. Wer verläßt denn mit seinem Auto jemals die Straße? Weniger als zehn Prozent der Fahrer. Werden diese Fahrzeuge benötigt? Eigentlich nicht. Warum werden sie gekauft? Weil sie jeder kauft. Was ist daran „rational"?

Die Welt läßt sich nicht in mathematische Formeln fassen. Dafür ist sie zu irrational. Sie ist einfach so, wie sie ist.

Einige Worte noch zu intellektuellen Feinheiten.

Eine Firma geht oft in die Irre, wenn sie mit subtilen Forschungsergebnissen und Argumenten über globale Entwicklungen getäuscht wird. (Niemand weiß wirklich, was los ist, doch viele machen uns glauben, sie wüßten mehr.) Diese Ansichten sind sorgfältig erarbeitet und werden in der Regel mit einigen falschen Annahmen vermengt, die dann als die Wirklichkeit ausgegeben werden.

Vor einigen Jahren wurde beispielsweise Xerox davon überzeugt, daß im Büro der Zukunft alles – Telefon, Computer und Kopierer – in einem System integriert sein würde (eine fehlerhafte Prognose). Um mithalten zu können, müsse man alles anbieten. Xerox sollte daher Computer und andere Geräte ohne Kopierfunktion kaufen oder herstellen, um sie in dieser sich rasch fortentwickelnden automatisierten Welt anzubieten.

Xerox wurde dies nahegelegt, weil man die Firma als ein fähiges High-Tech-Unternehmen betrachtete. (Das war eine falsche Annahme. Die Firma galt allgemein als Hersteller von Fotokopierern.)

Zwanzig Jahre und mehrere Milliarden Dollar später erkannte Xerox, daß das Büro der Zukunft weiterhin irgendwo in der Zukunft lag, und jedes Xeroxgerät, das nicht kopieren konnte, steckte in Schwierigkeiten. Dies war eine schmerzhafte Lektion in einem Fall, in dem technisches Wissen und intellektuelle Spitzfindigkeit ein klares Urteilsvermögen ausschalteten.

Zum Schluß noch einige Überlegungen zum Studium der Betriebswirtschaft, das ebenfalls den gesunden Menschenverstand zu umgehen scheint.

Nach dem ersten Studienjahr verfügen die Studenten bereits über einen gewaltigen Schatz an Begriffen und Phrasen, die sie als Möchtegern-Betriebswirte ausweisen. Ihnen sind Fachausdrücke geläufig wie „Risiko-Nutzen-Verhältnis", „diskontierter Cashflow", „Zahlen drücken", „Werterwartung" und so fort.

Nach einer Weile überlagert diese ungewöhnliche Begrifflichkeit jedes kritische Urteilsvermögen und den gesunden Menschenverstand. Man erwirbt sich die Attitüde von Umsicht, wo letztere vielleicht gar nicht vorhanden ist.

Ross Perot bemerkte einmal anläßlich eines Besuchs an der Harvard Business School: „Das Problem mit euch ist, daß ihr vom visuellen Abtasten der Umwelt redet, wo ich aus dem Fenster gucken sagen würde."

Wer in einfachen Begriffen des gesunden Menschenverstands reden möchte, sollte sich folgenden Richtlinien verpflichtet fühlen:

1. **Halten Sie Ihr Ego aus der Sache raus.** Gutes Urteilsvermögen basiert auf der Realität. Je subjektiver Sie die Dinge betrachten, desto weiter entfernen Sie sich von der Realität.
2. **Vermeiden Sie Wunschdenken.** Wir wünschen uns alle, daß sich die Dinge in bestimmter Weise entwickeln, doch die Sache entzieht sich häufig unserer Kontrolle. Gesunder Menschenverstand stimmt in der Regel mit dem tatsächlichen Lauf der Ereignisse überein.
3. **Hören Sie besser zu.** Gesunder Menschenverstand basiert schon seiner Definition nach auf dem, was andere denken. Viele Menschen haben dieselben Gedanken. Wer nicht genau zuhört, verliert den Zugang zu allgemein gültigen Einsichten.
4. **Manchmal muß man ein wenig zynisch sein.** Gelegentlich sind die Dinge genau das Gegenteil von dem, was sie zu sein scheinen. Häufig liegt es daran, daß jemand eigene Interessen verfolgt. Gesunder Menschenverstand basiert auf der Erfahrung vieler, nicht auf dem Wunschdenken einiger weniger.

EINFACHE ZUSAMMENFASSUNG

Vertrauen Sie Ihrem gesunden Menschenverstand. Er wird Ihnen sagen, was zu tun ist.

KAPITEL 3

Komplizierte Sprache
Sie kann den Verstand umnebeln

Ich stelle fest, daß Sie eine schlichte, einfache Sprache benutzen, knappe Worte und kurze Sätze. Genau so soll man schreiben. Das ist die moderne und beste Art. Bleiben Sie dabei.

Mark Twain
in einem Brief an einen jüngeren Freund

Als Shakespeare Hamlet schrieb, konnte er mit 20.000 Wörtern arbeiten. Als Lincoln nach der Schlacht von Gettysburg seine Rede auf die Rückseite eines Briefumschlags kritzelte, standen ihm etwa 114.000 Wörter zur Verfügung. Heute finden sich in Webster's Dictionary über 600.000 Wörter. In seinem jüngsten Tausendseitenroman scheint Tom Clancy sämtliche davon verwendet zu haben.

Die Sprache wird komplizierter. Das hat zur Folge, daß die Leute den Hang unterdrücken müssen, einige dieser neuen, seltenen Ausdrücke auszuprobieren.

Einfache Ideen, wie sie zum Beispiel Sprichwörtern zugrunde liegen, können durch die Verwendung ausgefallener Begriffe höchst kompliziert werden. Nehmen wir ein paar Beispiele:

- Sichtbare, aus kohlenstoffhaltigem Material aufsteigende Dämpfe sind ein Hinweis auf unmittelbar zuvor stattgefundenes Entflammen dieser Stoffe. *(Kein Rauch ohne Feuer.)*

- Nicht alle lichtreflektierenden Materialien sind aurumhaltig. *(Es ist nicht alles Gold, was glänzt.)*

- Lebensmittel, die dem Inhaber eines Agrarbetriebs unbekannt sind, nimmt er nicht zu sich. *(Was der Bauer nicht kennt, ißt er nicht.)*

- Nicht zutreffende Aussagen haben kurze Extremitäten. *(Lügen haben kurze Beine.)*

Sie verstehen, worauf ich hinaus will. Eine gute schriftliche oder mündliche Ausdrucksweise kann nicht verwirrend sein. Sprache muß klar und verständlich sein, und je kürzer die Sätze, desto besser.

Die Empfehlung des Fernsehjournalisten Bill Moyers für gutes Schreiben lautet: „Leeren Sie Ihren Rucksack von allen Adjektiven, Adverbien und Phrasen, die Ihren Schritt verlangsamen und den Rhythmus hemmen. Reisen Sie mit leichtem Gepäck. Erinnern Sie sich daran, daß die denkwürdigsten Sätze der englischen Sprache auch die kürzesten sind: ‚The King is dead' und ‚Jesus wept'. "

Als wenn all diese neuen Wörter nicht schon schlimm genug wären, erfinden Geschäftsleute auch noch ihre eigene Sprache. Das folgende Zitat stammt von einem der futuristischen Management-Gurus: „Managern ist zu Bewußtsein gekommen, daß es multiple Modi des Wandels gibt. Einen von ihnen nenne ich ‚Paradigma-Überhöhung', worunter die Total-Quality-Theorie, die Message der kontinuierlichen Verbesserung zu verstehen ist. Der andere Modus ist radikaler Wandel oder Paradigmen-Shift. Dieser Modus unterscheidet sich von jeder anderen Art des Wandels, der sie begegnen werden."

In der Zeitschrift *Fortune* (4) wurde berichtet, die Firma Better Communications aus Lexington, Massachussetts, die Angestellten bei der Verbesserung ihres Schreibstils hilft, habe in Unternehmen der Fortune-500-Gruppe folgende Phrasen aus der Managersprache entdeckt und unter der Überschrift „Memos aus der Hölle" gesammelt:

- Die Führungsspitze startet mit dieser Vision einen Überflieger. *(Die Chefs denken weiter als bis zur nächsten Woche.)*

- Zusätzliche Wertschaffung ist der Schlüssel zu exponentiell steigenden Profitkurven. *(Steigern wir doch Umsatz und Profit, indem wir den Kunden mehr von dem anbieten, was sie haben wollen.)*
- Diese Managementinitiative muß dimensionalisiert werden. *(Machen wir einen Plan.)*
- Wir haben uns zur konzertierten Nutzung funktionsübergreifender Expertise entschlossen. *(Mitarbeiter aus verschiedenen Abteilungen haben miteinander gesprochen.)*
- Vermeiden Sie Beeinträchtigungen des Mitarbeiter-Incentive-Systems. *(Angestellte sind pünktlich zu bezahlen.)*
- Ihr Arbeitsplatz ist bis auf weiteres als ‚beizubehalten' eingestuft worden. *(Sie sind noch nicht gefeuert.)*

Warum drücken sich Geschäftsleute so mysteriös über Dinge aus wie Kernkompetenz *(das, was wir gut machen)* oder Mitarbeiter-Empowerment *(das Delegieren von Aufgaben)* oder Paradigmen *(wie wir etwas machen)*? Es ist so schlimm geworden, daß der Autor des Buches „Fad Surfing in the Boardroom" ein Glossar zur Erklärung der neuesten Ausdrücke der Geschäftssprache beifügte. Das *Wall Street Journal* berichtete in der Ausgabe vom 8. Juni 1998 von einem neuen Sport namens „Schlagwort-Bingo". Die Teilnehmer erhielten Punkte für jeden Fachausdruck oder jedes Klischee, das sie in der Ausdrucksweise ihres Chefs entdeckten. (Formulierungen wie „Lieferbarkeiten", „Auswirkbarkeit" und „Nettonetz" brachten jeweils Punkte.)

Man hat den Eindruck, Geschäftsleute versuchen mit so hochtrabenden Begriffen clever, anspruchsvoll und bedeutend zu wirken. Tatsächlich werden sie dadurch für den Gesprächspartner nur unverständlich.

Jack Welch, der außerordentlich erfolgreiche Vorsitzende von General Electric, brachte das Problem in einem Interview mit der *Harvard Business Review* auf den Punkt:

„Unsichere Manager schaffen Komplexität um sich herum. Verängstigte, nervöse Manager benutzen dicke, übervolle Planungsbücher und komplizierte Diabilder, auf denen alles dargestellt ist, was sie seit ihrer Kindheit gelernt haben. Echte Führungskräfte geben sich mit so etwas nicht ab. Man muß das Selbstbewußtsein haben, sich klar und präzise auszudrücken, damit man sicher sein kann, daß jeder in der Organisation, von oben bis unten, versteht, was das Unternehmen erreichen will. Das ist jedoch nicht einfach. Sie können sich nicht vorstellen, wie schwer es den Menschen fällt, sich einfach auszudrücken, wie sehr sie sich davor fürchten, einfach zu sein. Sie haben Angst, für einfältig gehalten zu werden, wenn sie sich einfach geben. In Wirklichkeit gilt natürlich das Gegenteil. Klare, entschlossene Menschen sind die einfachsten." (5)

Aber was kann ein Manager denn nun tun, um Komplexität zu bekämpfen? Es gibt einiges.

Dr. Rudolph Flesch begab sich auf einen Ein-Mann-Kreuzzug gegen Schwulst und Unklarheiten in der Schriftsprache. (Eines seiner Bücher trägt den Titel *„The Art of Plain Talk"* – „Die Kunst der klaren Sprache".) Als einer der ersten stellte er fest, daß Leute im Geschäftsleben, die so schreiben wie sie sprechen, besser schreiben.

Nach Fleschs Methode würde ein Antwortschreiben so lauten: „Vielen Dank für den Vorschlag, Jack. Ich werde darüber nachdenken und mich so schnell wie möglich wieder melden." Der gegenteilige Ansatz würde lauten: „Ihr Vorschlag ist mit dem heutigen Datum eingegangen. Nach entsprechender sorgfältiger Überlegung werden wir Sie über unsere Schlußfolgerungen in Kenntnis setzen."

Andere haben festgestellt, daß die Einfachheit eines Textes sogar meßbar ist. Robert Gunning entwickelte in den 50er Jahren den Gunning-Vernebelungs-Index, der die Lesbarkeit eines Textes erfaßt. Berücksichtigt werden dabei Wortzahl und Schwierigkeitsgrad, die Anzahl vollständiger Gedankengänge und die durchschnittliche Satzlänge.

Gewinnen können Sie den Kampf gegen die Vernebelung, indem Sie sich an die zehn Grundsätze des klaren Schreibens halten.

1. Schreiben Sie kurze Sätze.
2. Ziehen Sie ein einfaches Wort einem komplizierten vor.
3. Wählen Sie das bekanntere Wort.
4. Vermeiden Sie überflüssige Wörter.
5. Verwenden Sie die aktive Form der Verben.
6. Schreiben Sie so, wie Sie sprechen.
7. Verwenden Sie Ausdrücke, die sich der Leser bildlich vorstellen kann.
8. Passen Sie sich der Erfahrungswelt des Lesers an. (Das ist das Wesen der Positionierung.)
9. Variieren Sie Ihre Formulierungen so häufig wie möglich.
10. Schreiben Sie, um etwas auszudrücken, nicht um zu beeindrucken.

Sie sollten zu einfacher, direkter Ausdrucksweise ermuntern und Schlagwörter sowohl in schriftlichen als auch in mündlichen Mitteilungen unterbinden.

Vor allen Dingen müssen Sie die Einfachheit der Sprache fördern, weil auf diesem Weg das Zuhören erleichtert wird. Durch das unaufhörliche Gequassel der modernen Welt ist die Kunst des Zuhörens stark ins Hintertreffen geraten. Untersuchungen zeigen, daß die Menschen nur 20 Prozent der Information behalten, die sie in den letzten Tagen gehört haben.

Das *Wall Street Journal* berichtete am 10. Juli 1997, daß Amerika eine Nation der Quasselstrippen geworden ist, die überhaupt nicht mehr zuhören. Wir warten nur noch auf die Gelegenheit, selbst zu Wort zu kommen.

Damit nicht genug, wirkt zudem die biologische Komponente, so berichten die Zeitungen, dem aufmerksamen Zuhören entgegen. Die meisten Menschen sprechen mit einer Geschwindigkeit von 100 bis 120 Wörtern pro Minute. Das menschliche Gehirn kann aber leicht 500 Wörter pro Minute verarbeiten – genug Raum also für abschweifende Gedanken. Drückt sich ein Sprecher auch nur im geringsten kompliziert oder verwirrend aus, erfordert es eine heroische Anstrengung, ihm wirklich zu folgen und nicht nur so zu tun als ob.

Sitzungen und Präsentationen, die nicht klar und einfach auf den Punkt kommen, sind eine Verschwendung von Geld und Zeit. Es wird kaum kommuniziert, da die Menschen einfach abschalten. Das kann sehr kostspielig werden.

Vor vielen Jahren verließ ich mit einem Kollegen eine zweistündige Sitzung, in der eine Gruppe von Graphikdesignern Vorschläge für die millionenteure Entwicklung eines Firmenlogos vorstellten. Wie üblich hatten die Sprecher Begriffe wie „Modalitäten" und „Paradigmen" verwendet und vage Hinweise auf „Farbpräferenzen" eingeflochten. Die Präsentation strotzte nur so von unklaren und komplizierten Begriffen. Da ich in der Firma eine untergeordnete Position hatte, machte ich keinen Hehl daraus, überfordert zu sein, und bat einen Kollegen, mir eine Zusammenfassung zu geben. Der lächelte auf einmal und wirkte sehr erleichtert. In weiterer Folge gestand er, daß er nicht ein einziges Wort verstanden hatte, es aber aus Angst, dumm zu wirken, nicht hatte zugeben wollen.

Die Firma verschwendete Millionen von Dollar, um ein ausgezeichnetes Logo zu ändern, weil niemand in der Sitzung es gewagt hatte, die Vortragenden zu bitten, ihre Vorschläge in einfachen, deutlichen Worten darzulegen. Hätte man dies getan, wären die Designer mitsamt ihrem Logo unter allgemeinem Gelächter aus dem Raum gejagt worden.

Die Moral dieser Geschichte ist, daß man verwirrende Ausdrücke oder Begriffe immer hinterfragen sollte. Sonst kann es zu sehr kostspieligen Fehlern kommen. Bitten Sie Vortragende, komplizierte Begriffe in verständliche zu übersetzen. Haben Sie keine Angst zu sagen: „Das verstehe ich nicht." Intellektuelle Überheblichkeit dürfen Sie nicht hinnehmen.

Zweifeln Sie nicht vorschnell an Ihrem ersten Eindruck, denn er ist oft der richtige.

Kämpfen Sie nicht dagegen an, dumm zu erscheinen. Oft sind die Fragen, die am naivsten klingen, die tiefsinnigsten.

Das letzte Wort zur einfachen Sprache soll Peter Drucker haben.

„Eine der besonders abwegigen Tendenzen der vergangenen vierzig Jahre ist der Glaube, wer sich einer verständlichen Sprache bediene, sei primitiv. In meiner Jugend galt es als selbstverständlich, daß sich Volkswirte, Physiker, Psychologen – die führenden Kräfte jeder Fachrichtung – allgemein verständlich machen konnten. Einstein verbrachte Jahre mit drei verschiedenen Mitarbeitern, um seine Relativitätstheorie Laien zugänglich zu machen. Selbst John Maynard Keynes bemühte sich, seine ökonomischen Forschungen verständlich zu formulieren.

Doch erst vor wenigen Tagen hörte ich, wie ein leitender Forscher allen Ernstes die Arbeit eines jüngeren Kollegen mit der Begründung zurückwies, daß mehr als fünf Leute verstehen könnten, woran er arbeite. Es war buchstäblich so.

Derartige Arroganz können wir uns nicht leisten. Wissen ist Macht, und aus diesem Grunde versuchten die Menschen, die in der Vergangenheit darüber verfügten, häufig, es zu einem Geheimnis zu machen. Im postkapitalistischen Zeitalter ergibt sich Macht daraus, daß Information vermittelt wird, um sie nutzbar zu machen, und nicht, um sie zu verbergen."

EINFACHE ZUSAMMENFASSUNG

Große Ideen sind fast immer in schlichte Worte gekleidet.

Fragen des Managements

Wie man mit Komplexität fertigwird, während man eine gewisse Ordnung und Einheitlichkeit in komplexe Unternehmen bringt.

KAPITEL 4

Information
Zuviel davon kann verwirrend sein

Weisheit besteht in der Kunst des Weglassens.

William James
Amerikanischer Psychologe und Philosoph

Durch die ständig zunehmende Information wird so viel Komplexität ins Geschäftsleben gepumpt, wie das Silicon Valley nur hergeben kann. Dem, was David Shenk in seinem Buch *„Data Smog"* als „den giftigen Dreck des Informationszeitalters" beschreibt, läßt sich nicht entkommen.

Informationsverarbeitung macht augenblicklich die Hälfte des Bruttoinlandsprodukts aus. Ein großer Teil davon endet auf Papieren, die jemand lesen muß. Die folgende Statistik mag Sie erschrecken, aber von einem Manager wird heute erwartet, daß er eine Million Wörter pro Woche liest. (Können Sie sich so viel Zeit für Lektüre erlauben?)

Das Informationszeitalter begann mit dem ersten Computer, der etwa die Größe eines Wohnzimmers hatte. Heute haben wir schnellere Geräte, die, wie Laptops, auf unseren Schoß passen, auf die Handfläche, auf die Fingerspitze – was man sich nur vorstellen kann. Sie alle spucken unentwegt Informationen aus, die uns die Arbeit nicht zu erleichtern scheinen.

So sieht es auch Peter Drucker: „Computer haben möglicherweise mehr geschadet als genutzt, weil Manager nun noch mehr nach innen schauen. Führungskräfte sind so gefesselt von den internen Daten, die der Computer erstellt – und viel mehr schafft er gegenwärtig noch nicht –, daß ihnen weder Kapazität noch Zeit für eine Wahrnehmung der Außenwelt bleibt. Die Resultate finden sich aber nur draußen. Ich habe den Eindruck, daß mehr und mehr Führungskräfte immer schlechter über die Außenwelt informiert sind." (6)

Kein Wunder, daß *USA Today* einen Artikel unter der Überschrift „Boomer Brain Meltdown" veröffentlichte, in dem beschrieben wurde, daß die Generation der Babyboomer immer häufiger an Erinnerungslücken leidet. Viele in diesem Artikel sind überzeugt, nicht das Alter sei der Hauptgrund für ein abnehmendes Erinnerungsvermögen, sondern die Informationsüberlastung. Sie gehen davon aus, unser Gehirn arbeite wie der Speicher eines Computers, dessen Festplatte voll sei.

Denken wir einmal über Zahlen nach. In den vergangenen Jahren mußte man sich lediglich seine Telefonnummer und Adresse merken. Heute gibt es Hausalarm-Codes, Sozialversicherungsnummern, E-Mail-Adressen, Faxnummern, Scrall-Nummern und Geheimnummern für Bankomaten. Die Zahlenreihen verdrängen die Wörter.

Einige glauben sogar, die Informationsüberlastung könnte zu einem gesundheitlichen Problem werden. Len Riggio, der Geschäftsführer von Barnes & Noble, sieht voraus, daß die Menschen im 21. Jahrhundert Pillen schlucken werden, um ihr Gehirn zu leeren. „Gedanken loszuwerden und zu vergessen wird dem Verlust von Pfunden und der Diät entsprechen", sagt Riggio.

Wir haben einige weniger drastische Vorschläge für die sofortige Verringerung der Informationsfülle, damit Ihr Verstand mit maximaler Effizienz und Geschwindigkeit arbeiten kann. So können Sie sich durch den Nebel kämpfen, während Sie gleichzeitig aufzunehmen versuchen, was vor sich geht.

Zunächst müssen Sie sich eingestehen, daß Sie nicht alles aufnehmen können, was Sie Ihrer Meinung nach wissen müssen. Wenn Sie diese geistige Hürde erst einmal genommen haben, wird alles viel leichter. Sie werden in der Lage sein, Prioritäten festzulegen, zu delegieren und einiges einfach liegenzulassen. (Sie müssen nicht alles beantworten oder auch nur lesen, was bei Ihnen landet.) Für einige ist schon die Idee tabu, aktiv Informationen auszuschalten. Doch was wie Zensur klingt, ist in Wirklichkeit reine Selbsterhaltung.

Wenn Sie den Inhalt begrenzen, lernen Sie, stärker davon zu profitieren. Bahnen Sie sich rücksichtslos einen Weg durch die Datenfülle und schaffen Sie Platz für das wirklich Wichtige.

Fangen Sie damit an, daß Sie zwei Stunden lang darüber nachdenken, welche Informationsquellen wirklich wichtig sind für Sie und Ihr Unternehmen. Welche Newsletter und Zeitschriften müssen gelesen werden? Auf welchen Umlauflisten muß Ihr Name stehen? Welche Internetseiten müssen sie bookmarken? Welchen Verbänden müssen Sie angehören?

Begrenzen Sie alles auf das wirklich Wichtige und lesen Sie das zuerst. Alles Nebensächliche wird gekündigt oder weggeworfen.

Wenn Sie für die Kommunikation verantwortlich sind, gehen Sie ökonomischer mit allem um, was Sie schreiben, veröffentlichen, senden oder über E-Mail verbreiten.

Sie sollen ein Entscheidungsträger sein, kein Informationsexperte.

Nehmen wir an, Sie suchen nach einer bestimmten Information. Wenn Sie (oder Ihr Mitarbeiter oder Ihre Sekretärin) die Antwort nicht innerhalb von 15 Minuten oder weniger gefunden haben, sind Sie besser dran, wenn Sie ein Forschungsunternehmen oder einen Informationsdienst mit der Suche beauftragen. Eine gute Adresse ist Find/SVP. Die Firma hat Niederlassungen in den USA und in 32 weiteren Ländern.

Wenn Sie mit einem persönlichen Assistenten gesegnet sind, so lassen Sie sich von ihm oder ihr in Zeitschriften und „Überblicksjournalen", in denen für Sie relevante Meldungen und Artikel zusammengefaßt sind, heraussuchen und die wichtigen Informationen markieren. So können Sie leichter das ganze Geschwätz vermeiden.

COR Healthcare Resources ist ein ausgezeichnetes Beispiel für ein Unternehmen, das Zusammenfassungen von Artikeln veröffentlicht. Jeden Monat durchforstet die Firma Tausende von Artikeln in 150 Publikationen und stellt dann ein Dutzend unterschiedlicher Newsletter zusammen, die Namen tragen wie Healthcare Marketing Abstracts and Healthcare Leadership Review.

Dean Anderson, der Gründer von COR, sagt: „Die Newsletter wirken, als seien sie lediglich eine Auswahl an Artikeln. Doch ihr Wert hängt ebensosehr davon ab, was wir auslassen, wie von dem Wiedergegebenen. Unser Ziel besteht darin, die komplizierte medizinische Branche in einem verständlichen Rahmen zu vereinfachen. Wir sind fest davon überzeugt, daß, sobald die Komplexität verringert ist, Unsicherheiten minimiert werden und Entscheidungsträger ihren Job und ihr Leben selbst in die Hand nehmen können."

Wenn Sie keine Artikelzusammenfassungen bekommen können, sollten Sie beim Inhaltsverzeichnis der relevanten Zeitschriften anfangen. Suchen Sie die Überschriften und Artikeleinleitungen ab und entscheiden Sie, was Sie sofort lesen, für später aufbewahren oder archivieren wollen.

Unterstreichen Sie beim Lesen, worauf Sie später zurückgreifen wollen. Wenn Sie am Ende nichts unterstrichen oder mit Textmarker markiert haben, werfen Sie den Artikel weg.

Halten Sie sich einen Ordner mit der Aufschrift „Sieht interessant aus" oder „Später lesen" für Artikel oder Zusendungen. Dies ist guter Lesestoff für Flugreisen.

Verlangen Sie von jedem Papier, daß es Ihnen sofort vermittelt, weshalb Sie es nicht wegwerfen sollten. Dann sollten Sie entsprechend handeln: Legen Sie es auf den Haufen mit zu bearbeitenden Papieren, leiten Sie es weiter oder legen Sie es zu den Akten.

Fordern Sie, daß jeder Bericht, der Ihnen zugeht, einen Absatz oder eine Seite mit einer Zusammenfassung enthält. Ist dies nicht der Fall, senden Sie den Bericht zurück.

Bitten Sie Ihre direkten Mitarbeiter, Ihnen jeden Freitag auf einer Seite mitzuteilen, was während der Woche Wichtiges geschehen ist und welche Bedeutung es für Ihr Unternehmen hat.

Der größte Vorzug der E-Mail ist, daß sie billig ist. Aber genau darin liegt auch ihre größte Gefahr.

E-Mail sollte uns eigentlich dichter an das papierlose Büro heranführen, statt dessen scheint sie durchdachte, sorgfältig verfaßte Memos durch elektronisches Geschwätz ersetzt zu haben. (Eine Gallupumfrage im Mai 1998 kam zu dem Ergebnis, daß ein typischer Büroangestellter täglich im Durchschnitt 60 E-Mails verschickt und empfängt.)

Im Handumdrehen erhalten Sie täglich Hunderte von E-Mails von Mitarbeitern, Freunden, Angehörigen, Geschäftsfreunden, Lieferanten und Kunden.

Entscheiden Sie anhand der Überschrift, ob Sie eine E-Mail wirklich öffnen und lesen wollen. Gehen Sie Absender und inhaltliches Stichwort durch und geben Sie E-Mails von Ihren Kunden und Ihrem Chef Vorrang. Finden Sie heraus, ob Ihr E-Mail-Paket über ein Filtersystem verfügt, das Ihnen ermöglicht, Nachrichten von bestimmten Leuten Priorität vor all dem anderen Zeug zu geben.

Sie können sich von vornherein entlasten, indem Sie Ihre E-Mail-Adresse nicht auf Ihre Visitenkarte schreiben und sie nur Leuten geben, die sie wirklich benötigen.

Schauen Sie Ihre Mailbox nur zu bestimmten Zeiten durch, etwa bei Arbeitsbeginn oder am Ende des Tages. Das Entscheidende an einer E-Mail ist, daß der Absender nicht weiß, wann Sie sie gelesen und ob Sie sie überhaupt geöffnet haben. Wenn es auf Ihrem Computerbildschirm ständig blinkt, weil neue Nachrichten eingetroffen sind, und Sie immer sofort antworten, vermehren sich die Dinger nur.

Antworten Sie knapp, und weisen Sie Leute zurecht, die lange E-Mails schicken oder endlose Nachrichten in der Voice-Mail hinterlassen.

Bitten Sie Ihre Freunde, Ihnen keine Trivialitäten, Geplauder, Witze und dergleichen zu senden.

Verwenden Sie E-Mail oder Fax, wenn es lediglich darum geht, Fakten zu erhalten oder eine Meinung einzuholen. Sitzungen sollten Sie nur einberufen, wenn ein Brainstorming erforderlich ist oder Probleme innerhalb der Gruppe ausgebügelt werden müssen.

Seien Sie vorsichtig mit der verführerischen Software der Präsentationsgraphiken, denn sie kann sehr einfache Gedanken in sehr komplizierten Abbildungen darstellen.

Machen Sie die Sache nicht zu kompliziert, wenn Sie Informationen auf der Leinwand darstellen. Sieben Textzeilen sind das Maximum und idealerweise nur eine Abbildung pro Dia.

Haben Sie statt der herkömmlichen Sitzungen schon einmal Videokonferenzen ausprobiert? Sie sollten es versuchen. Bild und Ton sind erheblich verbessert worden. Rufen Sie

INFORMATION

mal bei PictureTel an (außer, Sie fliegen gerne im Winter zu einer Sitzung ins Nirgendwo).

Ein Ingenieur in einer Rundfunkstation gab den folgenden Einblick in das Geschäftsleben um das Jahr 1998 herum: „Ich beginne die Arbeit morgens mit dem Durchsehen von 40 E-Mails, während das Telefon klingelt und die Faxmaschine arbeitet – und das sind Tage, an denen ich zuvor im Büro war und nicht irgendwo unterwegs."

Unsere belagerte Führungskraft ist mit all den persönlichen Technologien bewaffnet, die beschäftigte Leute mit sich herumschleppen: Handy, Notebook-Computer, Pager und tragbarer Drucker.

Machen all diese Geräte das Leben einfacher? Werden Führungskräfte dadurch produktiver? Wird ihre Arbeit effizienter? Sie machen wohl Witze!

Professor Hugh Heclo von der George Manson Universität kam zu dem Schluß: „Langfristig führen die technologischen Exzesse dazu, daß der relative Vorteil von den Informationssüchtigen auf diejenigen mit strukturiertem Wissen übergeht; von denjenigen, die enorme Mengen von Durchlaufinformationen verarbeiten können, auf diejenigen, die erklären können, was weshalb wissenswert ist."

Denken Sie also an folgendes, während Sie sich durch den Smog kämpfen:

1. Es gibt einen Unterschied zwischen Daten und Informationen.
2. Sie können von Ihrem Lieblingskommunikationsmittel abhängig werden.
3. Legen Sie nicht alles als Papierausdruck ab. Es läßt sich alles auf elektronischem Wege wiederfinden.

4. Die meisten Anfragen sind nicht so dringend, wie der Absender glaubt.
5. Trennen Sie immer die dringenden Nachrichten von weniger wichtigen.
6. Ihre Antworten sollten knapp und präzise sein.

EINFACHE ZUSAMMENFASSUNG

Ordnen Sie Ihren Verstand, und Sie werden klarer denken.

KAPITEL 5

Unternehmensberater
Ursprung von sehr viel Unsinn

Es gibt allein in den USA etwa 700 Business-Schulen. Sämtliche dieser Institutionen sind voll von Akademikern, die verzweifelt versuchen, sich einen Namen als Managementtheoretiker zu machen.

Robert Lenzer und *Stephen S. Johnson*
Forbes

Zunächst gab es Peter Drucker, der ohne viel Aufsehen fundierte Empfehlungen für das Management formulierte. „Drucker ist einer meiner Helden", sagte Intel-Chef Andy Grove. „Er schreibt und denkt mit größter Klarheit und ist damit einzigartig neben der Gruppe von Hausierern mit ihren verworrenen Schlagwörtern."

In den 80er Jahren stürmte dann Tom Peters mit seinem Buch über Exzellenz auf die Szene. Damit begann die Ära der Möchtegern-Tom-Peters, die man durchaus als moderne Robin Hoods bezeichnen kann: Sie bestehlen die Reichen und behalten die Beute. Statt mit Pfeil und Bogen bewaffnet sich diese Truppe mit komplizierten Schlagwörtern und Ideen, um ihre Opfer zu stellen.

Ein Artikel in der Zeitschrift *Fortune* unter der Überschrift *„In Search of Suckers"* (*„Auf der Suche nach Leichtgläubigen"*) beschrieb die Sache ganz richtig: „In aller Ruhe, ohne viel Aufsehen ist der Unternehmensberater von Entführern gekapert worden. Neue Gurus, bewaffnet allein mit Feder, Podium und überwältigender Unverfrorenheit, haben einen Berufszweig an sich gerissen, der es sich einmal zur redlichen Aufgabe gesetzt hatte, Geschäftsleute gut zu beraten." (7)

Rupert Murdoch antwortete ohne viel Umschweife auf die Frage, welchem Management-Guru er folge oder welchen er bewundere: „Guru? Hin und wieder findet man mal einen Edelstein. Aber das meiste versteht sich doch von selbst. Man geht in die Wirtschaftsabteilung des Buchladens, sieht all die schönen Titel, gibt 300 Dollar aus, und dann schmeißt man alles weg." (8)

Selbst Tom Peters räumt ein: „Wir sind die einzige Gesellschaft, die glaubt, daß sie immer besser werden kann. Deshalb geht man immer wieder Leuten wie mir auf den Leim." (9)

Über die Helden und Halunken der Unternehmensberatung ist bereits viel geschrieben worden. Schlechte Unternehmensberatung hat ihre Wurzeln in Komplexität. Diese Consultants sind der Auffassung, und damit liegen sie vielleicht nicht falsch, daß Unternehmen für einfache Ideen nicht viel bezahlen wollen. Manchmal hat man gar den Eindruck, ein Unternehmen ist bereit, um so mehr zu bezahlen, je weniger es von den Vorgängen versteht.

Wenn es so einfach wäre, könnten die Firmen es ja selbst machen.

Der Trick besteht also darin, fortwährend neue, komplexe Konzepte zu entwickeln. Die meisten Unternehmen können beispielsweise mit dem Konzept des Wettbewerbs am Markt etwas anfangen. Also wurde den Lesern eines Artikels im *„McKinsey Quarterly Magazine"* (10) dargelegt, daß es nun zwei Welten gebe, in denen der Wettbewerb stattfinde: den Marktplatz – *marketplace* – und den Marktraum – *marketspace*. (Im Englischen noch dazu hübsch gereimt.) Dabei geht es einzig und allein um die Schaffung digitaler Vermögenswerte – einem sechzigjährigen Geschäftsführer werden bei diesem Konzept die Augen glasig werden.

Um ein wenig Terror in die Gleichung zu bringen, erhält der Leser dann die Warnung, daß „herkömmliche Unternehmensaxiome nicht länger anwendbar sind". Außerdem müßten Unternehmen „eine physische Wertkette überblicken, aber auch eine virtuelle Wertkette erstellen und nutzen".

UNTERNEHMENSBERATER

Was sich die Autoren erhoffen, ist die folgende Reaktion beim Leser: „Schnell, ich brauche die Nummer von diesen beiden Typen aus Harvard, die den Artikel geschrieben haben, den ich nicht verstanden habe. Wir könnten ganz schön in Schwierigkeiten sein."

Wir behaupten nicht, daß diese Informationen schlecht sind, aber für diesen Geschäftsführer ist es bereits schwer genug zu erkennen, wie er am Marktplatz überlebt, geschweige denn im neuen, sogenannten Marktraum.

Wirklich zum Lachen ist jedoch, wenn die Fachberater einander wegen ihrer komplizierten Konzepte vor Gericht verklagen. So ging es einer Consultingfirma namens Stern Stewart, die ein brandheißes Finanzkonzept mit dem Namen „Economic Value Added" entwickelt hat – oder kurz EVA. (Die Firma ließ es gar als Warenzeichen anmelden.) KPMG, eine andere große Consultingfirma, brachte bald darauf ihre eigene Version heraus mit dem Namen „Economic Value Management" oder EVM. Es folgte der Auftritt der Rechtsanwälte vor Gericht und eine gewaltige Schlammschlacht. Chaos ist ausgebrochen im Land des Robin Hood. Seine Mannen richten ihre Pfeile gegeneinander anstatt auf die Reichen.

Der größte Unsinn entsteht jedoch durch diese wunderbaren Diagramme und Graphiken, mit denen die Prozesse erklärt werden sollen und für die man so richtig Geld hinlegen muß. Betrachten wir das folgende Diagramm, das die „Hochleistungsorganisation" erläutern soll. Es sieht lebensgefährlich aus, aber, ob Sie es glauben oder nicht, es ist echt.

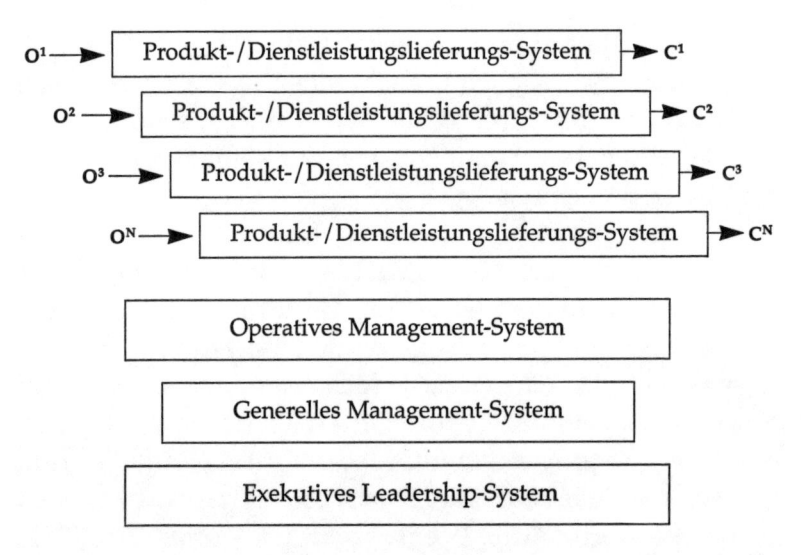

```
O¹ ──▶ │ Produkt-/Dienstleistungslieferungs-System │ ──▶ C¹
O² ──▶ │ Produkt-/Dienstleistungslieferungs-System │ ──▶ C²
O³ ──▶ │ Produkt-/Dienstleistungslieferungs-System │ ──▶ C³
Oᴺ ──▶ │ Produkt-/Dienstleistungslieferungs-System │ ──▶ Cᴺ

         │ Operatives Management-System │
         │ Generelles Management-System │
         │ Exekutives Leadership-System │
```

Dieses Modell sieht so gefährlich aus, daß eine Firma, die es einführt, wahrscheinlich in sechs Monaten explodieren wird.

Nehmen wir nun einmal an, Sie sind ein Berater, der einen Prozeß für die Lösung strategischer Fragen entwickeln will, um dafür zehn Jahre lang enorme Honorarnoten stellen zu können. Der Trick besteht darin, die endgültige Entscheidung, die das Projekt beenden würde, so lange wie möglich hinauszuzögern. Das erforderliche langsame Vorwärtskommen dürfte am besten ein Prozeß wie der folgende garantieren (Abb. S 57)

Während Sie sich durch dieses Labyrinth durcharbeiten, können Sie die „Richtung festlegen" oder aber auch die „Richtung ändern". Sie können sich weiter zu den „Alternativen" bewegen oder zurückgehen zur „Ausrichtung des Focus". Jeder Schlenker ist dabei jede Menge kostenpflichtige Arbeitszeit wert.

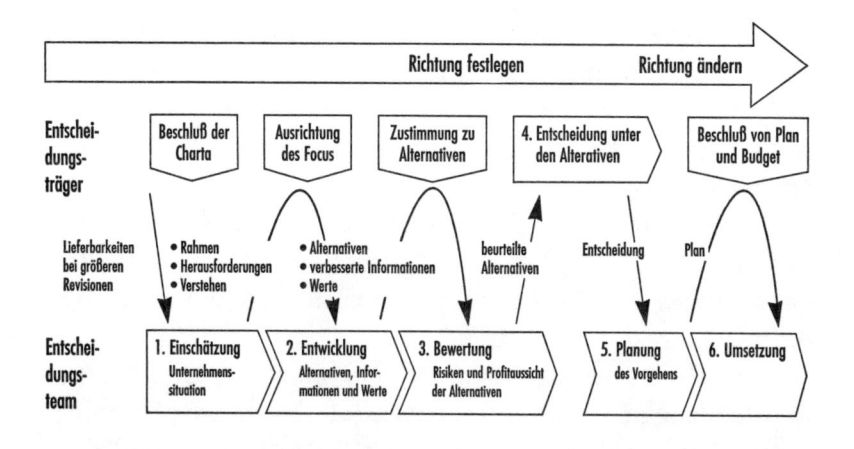

	Richtung festlegen				Richtung ändern
Entschei-dungs-träger	Beschluß der Charta	Ausrichtung des Focus	Zustimmung zu Alternativen	4. Entscheidung unter den Alternativen	Beschluß von Plan und Budget
Lieferbarkeiten bei größeren Revisionen	• Rahmen • Herausforderungen • Verstehen	• Alternativen • verbesserte Informationen • Werte		beurteilte Alternativen	Entscheidung · Plan
Entschei-dungs-team	1. Einschätzung Unternehmens-situation	2. Entwicklung Alternativen, Infor-mationen und Werte	3. Bewertung Risiken und Profitaussicht der Alternativen	5. Planung des Vorgehens	6. Umsetzung

Denken muß nicht so kompliziert sein, es sei denn, Sie geben sich alle Mühe, es so kompliziert zu machen.

Vielleicht läßt sich die Leistung eines Unternehmens am leichtesten verbessern, indem man einfache Ideen einführt und dafür sorgt, daß sie umgesetzt werden. Betrachten wir den Ansatz von Jack Welch, dem Generaldirektor von General Electrics und vermutlich einem der erfolgreichsten Unternehmensleiter Amerikas.

Seine Anschauungen in bezug auf Management sind recht einfach. Erstens sagt man den Leuten, sie müßten in ihrem Bereich auf dem ersten oder zweiten Platz stehen. Wenn nicht, drohe ihnen der Verkauf des Unternehmens. Mister Welch hat sein Wort gehalten und sich den Spitznamen „Neutronen-Jack" verdient. Die Gebäude sind noch da, aber die Mitarbeiter verschwunden.

Als nächstes kommt der „grenzenlose" Austausch von Ideen – ein Prozeß, der die Unternehmenshierarchien aufbricht und sicherstellt, daß Informationen sowohl nach oben wie nach unten fließen.

Nun setzt Welch ein Programm zur Fehlerreduzierung namens Six Sigma um, mit dem das Auftreten von Defekten so weit verringert werden soll, daß sie praktisch ausgeschlossen sind. Der Vorzug: zufriedene Kunden und massive Kosteneinsparungen.

Das Magazin *Forbes* schrieb dazu: „Das Geheimnis von Jack Welchs Erfolg liegt nicht in brillanten Erkenntnissen oder gewagten Manövern, sondern in seiner fanatischen Aufmerksamkeit für Details."

Verstehen Sie uns nicht falsch: Gute Unternehmensberater tragen einen entscheidenden Aspekt bei, nämlich „Objektivität". Sie verfügen über Erfahrungen und eine Perspektive, die den unmittelbar Beteiligten gelegentlich fehlt. Am allerwichtigsten ist jedoch, daß sie Außenseiter sind.

Insidern fehlt es nicht an den Antworten auf bestehende Probleme. Viele Unternehmen hätten sogar viel Geld sparen können, wenn sie sich an ihre Mitarbeiter und nicht an Außenseiter gewandt hätten. Warum gelingt es dann aber so vielen Firmen nicht, sich das Wissen ihrer Mitarbeiter zunutze zu machen?

Ein Grund dafür liegt darin, daß Vertrautheit zu Mißachtung führt. Viele Führungskräfte sehen bei ihren Mitarbeitern nichts als Unzulänglichkeiten und Fehler. Unternehmensberater dagegen sind nicht lange genug in der Firma, daß ihre Unzulänglichkeiten erkennbar werden.

Außerdem gibt es das Problem der Kompromisse. Ein guter Berater muß herausfinden, was ein Unternehmen im Rahmen seiner Möglichkeiten am besten tun sollte. Mit Schlagworten oder ausgefallenen Verfahren hat das nichts zu tun.

Kehren wir noch einmal zu Peter Drucker, einem unserer Idole, zurück und betrachten seine Vorstellung von einem guten Berater.

„Ich habe diese Lektion gelernt, als ich 1944 meinen ersten großen Consultingauftrag begann. Es war eine Untersuchung der Managementstrukturen und -strategien von General Motors. Alfred P. Sloan junior war damals Generaldirektor. Zu Beginn meiner Studie rief er mich in sein Büro und sagte: ‚Ich werde Ihnen nicht vorschreiben, was Sie untersuchen, schreiben oder zu welchen Schlußfolgerungen Sie kommen sollen. Das ist Ihre Aufgabe. Meine einzige Anweisung an Sie ist, zu Papier zu bringen, was Sie für richtig halten. Kümmern Sie sich nicht darum, wie wir darauf reagieren werden. Machen Sie sich keine Sorgen, ob uns ihre Schlußfolgerungen gefallen oder nicht. Und machen Sie sich vor allen Dingen keine Gedanken über die Kompromisse, die für die Umsetzung Ihrer Empfehlungen erforderlich sein mögen. Es gibt keinen Manager in dieser Firma, der nicht jeden vorstellbaren Kompromiß auch ohne Ihre Hilfe eingehen könnte. Aber den richtigen Kompromiß kann er nur machen, wenn Sie ihm sagen, welches der richtige ist." (11)

Es geht einzig und allein darum, das Richtige zu tun, nicht das, was gerade im Trend liegt.

Außerdem ist folgendes zu bedenken. Die Unternehmensberater selbst geben ihre Fehler zu. Einer Untersuchung von Bain & Company aus dem Jahre 1997 zufolge gaben 77 Prozent von 4000 befragten Führungskräften an, die von ihnen erworbenen Mittel zur Unterstützung des Managements hätten nicht den erwarteten Erfolg gehabt, und ein

Zusammenhang mit finanziellem Erfolg sei nicht feststellbar gewesen.

Bevor Sie also übereilt zur Tat schreiten, sollten Sie sich vielleicht folgende Kritik an den meisten Managementtheorien vor Augen halten:

1. Sie verkommen zu Modetrends, weil sie lediglich oberflächliche Lösungen für aktuelle Probleme bieten.
2. Informationen über die Erfolgsrate sind nur selten verfügbar.
3. Sie führen zur Verschwendung von Energie und Ressourcen, weil das Unternehmen Hunderte von Führungskräften auf Seminare schickt und junge Unternehmensberater beschäftigt, damit sie ihr Evangelium verbreiten.
4. Sie schaffen unrealistische Erwartungen.
5. Sie untergraben das Selbstvertrauen der Mitarbeiter, die auf jedes neue Schlagwort mit zunehmender Skepsis reagieren.

Wenn Ihnen das nicht zu denken gibt, dann viel Glück!

EINFACHE ZUSAMMENFASSUNG

Vertrauen Sie keinem, den Sie nicht verstehen.

KAPITEL 6

Konkurrenten
Betrachten Sie sie einfach als Ihre Feinde

Im Krieg ist alles sehr einfach, aber das Einfachste ist schwierig.

Karl von Clausewitz
General und Militärschriftsteller

Im heutigen Geschäftsleben geht es nicht um Reengineering oder kontinuierliche Verbesserung. Im Geschäftsleben geht es um Krieg.

Diese Beobachtung stellten wir zuerst vor 25 Jahren in einem Buch mit dem Titel *„Marketing Warfare"* vor. Aus heutiger Sicht wurde das Buch im Dunklen Zeitalter des Wettbewerbs veröffentlicht. Noch vor zehn Jahren existierte der Ausdruck „Weltwirtschaft" überhaupt nicht. Das gewaltige Aufgebot an Technologie, das wir heute für selbstverständlich halten, konnten sich seinerzeit höchstens ein paar Ingenieure im Silicon Valley vorstellen. Der weltweite Handel war im wesentlichen auf eine Handvoll multinationaler Konzerne beschränkt.

Am Ende dieses Jahrhunderts sind von den 100 größten Wirtschaftseinheiten der Welt 51 nicht Staaten, sondern Unternehmen. Die 500 größten Firmen machen erstaunliche 70 Prozent des Welthandels aus.

Angesichts des heutigen Marktes wirkt der Markt, über den wir seinerzeit geschrieben haben, wie ein Kaffeekränzchen. Kriege eskalieren und brechen in jedem Teil der Welt aus. Überall versucht jeder jedem sein Geschäft abzujagen.

All dies hat zur Folge, daß die Grundsätze von „Marketing Warfare" wichtiger sind als je zuvor. Unternehmen müssen lernen, ihrer Konkurrenz zu begegnen. Sie müssen ihrer Stärke ausweichen und sich ihre Schwächen zunutze machen. Organisationen müssen lernen, daß es nicht darum geht, für sein Unternehmen zu sterben. Entscheidend ist, daß der andere für sein Unternehmen stirbt.

Ganz einfach ausgedrückt, bedeutet Erfolg heute, daß ein Unternehmen konkurrentenorientiert ist. Es muß die Schwächen in der Position der Konkurrenten aufspüren, um dann Marketingvorstöße gegen diese Schwachpunkte zu richten.

Es geht allein darum, die richtige Wettbewerbsstrategie zu fahren. Entscheidend ist, die vier Typen der Marketingkriegführung zu verstehen und herauszufinden, welcher in Ihrer Situation anwendbar ist.

Das strategische Quadrat

Verteidigungs-krieg	Angriffs-krieg
Flanken-krieg	Guerilla-krieg

Diese Prinzipien stellen ein äußerst einfaches strategisches Modell für das Überleben eines Unternehmens im 21. Jahrhundert dar. Wir wollen sie einmal durchgehen und aktualisieren.

1. Verteidigungskrieg wird von Markführern angewendet. Marktführer sind diejenigen Unternehmen, die die Kunden als führend anerkennen, und nicht die Firmen, die sich selbst als führend darstellen.

Die aggressivsten Marktführer sind bereit, sich selbst ständig mit neuen Ideen anzugreifen. Schon seit langem dient uns Gillette als Beispiel für einen klassischen Verteidiger. Alle zwei oder drei Jahre ersetzt die Firma die bestehenden Rasierer mit einer neuen Idee. Wir haben den zweischneidigen Rasierer erlebt (Trac-II), den verstellbaren zweischneidigen Rasierer (Atra) und den schockabsorbierenden Rasierer (Sensor). Jetzt gibt es (Mach 3) einen Rasierer mit drei Klingen. Ein voranziehendes Unternehmen ist der Konkurrenz immer einen Schritt voraus.

Ein aggressiver Marktführer pariert umgehend jeden Vorstoß der Konkurrenz. Als Bic den Einmalrasierer einführte, reagierte Gillette sehr schnell mit dem zweischneidigen Einmalrasierer (Good News). Jetzt beherrscht die Firma auch diese Produktgruppe.

Alles zusammengenommen macht dies 60 Prozent des Rasierklingenmarktes aus. So was nennt man einen echten Marktführer.

2. Angriffskrieg ist die Strategie für die Nummer Zwei oder Drei in einer Produktgruppe. Hier lautet das erste Prinzip, die Stärke des Gegners zu umgehen. Es muß eine Schwachstelle gefunden werden, und der Angriff muß sich auf genau diesen Punkt richten.

Die am schnellsten expandierende Pizzakette Amerikas war in jüngster Zeit Papa John's Pizza. Papa John's griff Pizza Hut an einem Schwachpunkt an – den Zutaten. Firmengründer John Schnatter verschaffte sich die beste Tomatensoße des Landes, eine Soße, die andere Ketten nicht kaufen konnten. Dies wurde zum Grundpfeiler seines Konzepts: „Bessere Zutaten. Bessere Pizza."

John konzentriert sich nach wie vor auf das Konzept der besseren Zutaten – vom Käse bis zu den Toppings. Selbst das Wasser wird gefiltert, damit der Teig besser wird.

Auch das *Wall Street Journal* berichtete: „Papa John's ist auf dem Vormarsch" – kaum eine Meldung, die Pizza Hut sehr freuen wird.

Eine der besten Arten, einen Marktführer anzugreifen, ist die Verwendung einer neuen Technologie.

Im Bereich der Papierherstellung sind bei den Qualitätskontrollsystemen nur noch zwei Unternehmen im Rennen: Measurex, der gegenwärtige Marktführer, und AccuRay (eine Tochter von ABB), der ehemalige Führer im Bereich von Systemen, der schon während der Produktion die Einheitlichkeit des Papiers prüft.

Nun hat AccuRay Measurex mit einer neuen Generation von elektronischen Scannern attackiert, die das gesamte Blatt und nicht nur einen Teil abmessen. Diese neue Waffe heißt Hyper Scan Full Sheet Imaging und verspricht eine Qualitätskontrolle, der Measurex nichts entgegenzuhalten hat. Diese Idee wird erfolgreich sein, weil AccuRay den Konkurrenten praktisch überflüssig gemacht hat.

3. Kleinere oder neue Mitbewerber, die einen Fuß in eine Produktkategorie bekommen, aber die direkte Auseinandersetzung vermeiden wollen, verfolgen den Flankenkrieg. Diese Strategie zielt in der Regel auf einen Vorstoß in ein unumstrittenes Gebiet und einen gewissen Überraschungseffekt ab. Häufig geht es um eine neue Idee oder ein bisher unbekanntes Produkt, wie Feinschmecker-Popcorn (Orville Redenbacher) oder Dijonsenf (Grey Poupon). Manchmal ist es auch eine alte Idee, die plötzlich Erfolg hat, wie zum Beispiel Fahrzeuge mit Vierradantrieb (Jeep).

Eine brillante Flankenbewegung ist im Golfmarkt zu beobachten. Während sich andere Firmen auf Schlägerarten wie Driver, Irons und Putter konzentrierten, drang Adams Golf in einen Bereich vor, der nie besonders heftig umkämpft war. (Er liegt auf dem Fairway etwa 200 Meter entfernt von Grün und Loch.)

Adams Flankentaktik bestand darin, einen patentierten Holzschlägerkopf mit einem besonders flachen Design für schwer zu treffende Bälle auf dem Fairway einzuführen. Der einfache, aber brillante Produktname sagt bereits alles: Tight Lies Fairway Woods. Sie wurden innerhalb kürzester Zeit zu den Fairwayschlägerköpfen mit den höchsten Zuwachsraten.

Als der 19jährige Michael Dell sein eigenes kleines Computerunternehmen eröffnete, war ihm klar, daß er hinsichtlich der Verkaufsfläche nicht mit den etablierten Firmen konkurrieren konnte. Die Spielregeln der Branche sahen seinerzeit jedoch vor, daß Computer im Geschäft verkauft werden mußten. Niemand in der Computerindustrie konnte sich vorstellen, daß der Kunde bei einem so kostspieligen Produkt einem Versandhaus vertrauen würde.

Michael Dell brach diese Regel. Er stieß mit der Flanke in die Branche vor und begann mit seinem Direktmarketing. Innerhalb von fünf Jahren hatte er eine Firma von 800 Millionen Dollar aufgebaut.

4. Der Guerillakrieg ist häufig der Bereich der kleineren Unternehmen. Der wichtigste Grundsatz lautet, daß eine Marktnische gefunden werden muß, die so klein ist, daß sie sich leicht verteidigen läßt. Es geht um die Strategie, ein großer Fisch im kleinen Teich zu sein.

Doch ganz egal, wie erfolgreich Sie werden, benehmen Sie sich nie wie ein Marktführer. Das „Großrauskommen" macht ein erfolgreiches Guerrilla-Unternehmen kaputt. (Erinnert sich noch jemand an People's Express Airlines?)

Und schließlich müssen Sie auch jederzeit in der Lage sein, sich sofort zurückzuziehen. Kleine Unternehmen können sich keine großen Verluste leisten. Verschwinden Sie im Dschungel, damit Sie noch einen weiteren Tag erleben und weiterkämpfen können.

Eine der interessantesten Guerillafallstudien spielt sich gegenwärtig in der Karibik ab, wo zwischen sämtlichen Inseln, großen wie kleinen, der Krieg um den Fremdenverkehr geführt wird.

Grenada ist eine der südlicheren Inseln in der Karibik und wurde bekannt durch Präsident Reagans Militärinvasion, durch die einige Kubaner vertrieben werden sollten. Die Insel versucht nun, einen Teil des Tourismusgeschäfts zu ergattern.

Da sich Grenada erst spät um Tourismus gekümmert hat, ist die Insel weitgehend unberührt. Es gibt kaum Beton und keine Massenstrände. Praktisch kein Gebäude ist höher als eine Palme. Das ermöglichte die Strategie, sich als die unverdorbene Insel darzustellen – „die Karibik, wie sie einmal war".

Diese Idee läßt sich verteidigen, denn alle anderen Inseln sind weiter entwickelt. Sie können die entstandenen Schäden unmöglich wiedergutmachen.

Doch kleinere Dschungelkämpfer müssen sich bewußt sein, daß auch der Urwald schnell übervölkert ist. Dies ist bei den amerikanischen Kleinbrauereien der Fall, die bis vor kurzem die erfolgreichen Guerillakämpfer im Bierkrieg waren. Dem Institut für Brauereistudien zufolge hat sich ihre Zahl seit 1993 bei 1306 vervierfacht.

Verführt von Verbrauchernachfrage nach jeder nur vorstellbaren neuen Kreation und bei leichtem Zugang zu Kapital, brachten die Kleinbrauereien 4000 neue Marken auf den Markt. Bei so vielen Kämpfern auf einem kleinen Markt bringt am Ende jeder jeden um – und genau das geschieht im Augenblick.

Nach der berauschenden Wachstumsrate von 50 Prozent zwischen 1994 und 1995 ist die Stimmung unter den Kleinbrauereien jetzt so schal wie ein Glas abgestandenes Bier. Ein massiver Schrumpfungsprozeß bei den Bierbrauern und den Gaststätten in Brauereibesitz hat begonnen.

Wer wird die Kneipenschlägerei überleben? Viele Führungskräfte in der Branche glauben, unter den Überlebenden wird Sam Adams sein, die einzige Kleinbrauerei mit wirklich landesweiter Lizenzvergabe, und die seit langem etablierten kalifornischen Brauer Sierra Nevada und Anchor Steam.

Zum Abschluß: Wenn Sie sich im Krieg befinden, ist es wichtig, daß Sie sich die Fähigkeiten eines guten Generals aneignen.

- Sie müssen flexibel sein. Sie brauchen Flexibilität, um Ihre Strategie der Situation anzupassen und nicht umgekehrt. Ein guter General besitzt ein unmittelbares Gespür für Entscheidungen, aber er wird sämtliche Alternativen und Gesichtspunkte sorgfältig bedenken, bevor er eine Entscheidung trifft.

- Sie müssen Kühnheit besitzen. An einem bestimmten Punkt müssen Sie Ihr Räsonieren beenden und eine Entscheidung treffen. Ein guter General findet tief in sich selbst die Willenskraft und den Mut, um sich zu behaupten.

- Sie benötigen Entschlossenheit. Zum richtigen Zeitpunkt müssen Sie schnell und entschieden zuschlagen. Entschlossenheit ist besonders wertvoll, wenn Sie mit dem Wind segeln. Das ist der Moment, um richtig loszulegen. Aber hüten Sie sich vor denen, die zu kühn auftreten, wenn die Umstände ungünstig sind.

- Sie müssen mit den Fakten vertraut sein. Ein guter General entwickelt seine Strategie von Grund auf und berücksichtigt zuerst alle Einzelheiten. Die solcherart entwickelte Strategie wird einfach, aber durchschlagend sein.

- Sie brauchen Glück. Glück spielt bei jedem Erfolg eine große Rolle, vorausgesetzt, Sie können es sich zunutze machen. Wenn Ihr Glück jedoch zu Ende geht, sollten Sie umgehend Ihre Verluste klein halten und sich zurückziehen. „Kapitulation ist keine Schande", sagt Clausewitz. „Ein General darf ebensowenig den Kampf bis zum letzten Mann erwägen, wie ein guter Schachspieler eine offensichtlich verlorene Partie weiterspielen würde."

EINFACHE ZUSAMMENFASSUNG

**Lernen Sie Ihre Konkurrenten kennen.
Meiden Sie ihre Stärken.
Nutzen Sie ihre Schwächen.**

KAPITEL 7

Strategie

Differenzierung ist alles

Im Immobiliengeschäft heißt die Devise: Lage, Lage, Lage.
Im Geschäftsleben Differenzierung, Differenzierung, Differenzierung.

Robert Goizueta
ehemaliger Generaldirektor von Coca-Cola

Leider ist der Begriff „Strategie" dank Gurus wie Michael Porter von der Harvard-Universität höchst unklar geworden. In seinem 1985 erschienenen Werk *„Nationale Wettbewerbsvorteile"* (*„Competitive Advantage"*) beschreibt Porter einige Arten von Strategien, die Unternehmen anwenden können. Bevor sie sich eine aussuchen, wird die Sache jedoch sehr kompliziert. Sie müssen zunächst fünf Wettbewerbskräfte analysieren (potentielle Mitbewerber, Käufer, Lieferanten, Substituten und Konkurrenten). Dann ist festzustellen, welcher Art von Branche das Unternehmen angehört (wachsend, schrumpfend, reifend, entwickelt usw.). Außerdem darf die Firma sich nicht als eine Einheit betrachten, sondern muß sich als eine „Wertkette" aus „vereinzelten Aktivitäten" verstehen. (Kurze Pause, bitte!)

Porters Listen und zahlreichen Beispielen liegt eine einfache Wahrheit zugrunde: In einer Welt, in der jeder versucht, Ihnen das Geschäft abzujagen, müssen Sie den Kunden einen Grund geben, Ihr Produkt zu kaufen und nicht das der Konkurrenz. Können Sie einen solchen Grund nicht bieten, legen Sie Ihre Preise besser sehr niedrig an.

Dieser Grund für die Kaufentscheidung muß, in ein Wort oder eine einfache Formulierung verpackt, im realen Schlachtfeld ins Treffen geführt werden – im Bewußtsein ihrer bisherigen Kunden und möglichen, zukünftigen Käufer. Das nennen wir „Positionierung".

Dieser Grund muß einfach sein, weil der Geist Komplexität verabscheut. Er verwandelt sich in einen wettbewerbsorientierten Aspekt (dazu mehr in Kapitel 15).

Bei den meisten Firmen kommen am Ende unglücklicherweise nicht differenzierende Ideen heraus, sondern sinnlose Slogans. Betrachten wir folgende Beispiele:

- Wird IBM durch „Lösungen für einen kleinen Planeten" wirklich von anderen unterscheidbar gemacht? Nein. Was IBM besser macht als die kleineren Konkurrenten ist die Fähigkeit der Firma, alle Einzelteile zusammenzusetzen. „Integrierte Datenverarbeitung" ist IBMs wirkliche Stärke. Lou Gerstner selbst sagte: „Unsere Integrationsfähigkeit ist der einmalige Vorteil dieses Unternehmens." Bring das auch in der Werbung rüber, Lou!

- Differenziert sich Nike durch „Just do it" oder „I can"? Nein. Nike hat gegenüber jedem anderen Hersteller den Vorteil, daß die Marke „von den besten Sportlern der Welt getragen wird". Und die Firma hat Michael Jordan, um es zu beweisen.

- Macht „The Difference is Merrill Lynch" Merrill Lynch zu etwas Besonderem? Nein. Das Unternehmen ist im Vergleich zu anderen Investmentfirmen aufgrund seiner enormen Ressourcen einzigartig. „Mehr Ressourcen. Bessere Lösungen" würde aus seiner Größe ein Gütesiegel machen.

- Hebt „It's all within your reach" AT&T von MCI, Sprint und anderen Telefongesellschaften ab? Nein. AT&T sollte sich statt dessen auf den Begriff „Zuverlässigkeit" konzentrieren. Darin liegt für die Firma die wirklich unterscheidende Idee, und sie verfügt darüber hinaus über das erforderliche Netzwerk, um diese Behauptung zu stützen.

- Wird Budweiser durch die Frösche von anderen Bieren unterscheidbar? Wieder lautet die Antwort: Nein. Wirkungsvoll wäre statt dessen die Betonung der langen Geschichte der Budweisermarke. Töten Sie die Frösche, Mister Busch!

Differenzierung erfolgt in drei Schritten:
1. Eine einfache Idee, die Sie von Ihrer Konkurrenz abhebt.
2. Die Referenzen oder das Produkt, um dieses Konzept greifbar und glaubwürdig zu machen.
3. Die Entwicklung eines Programms, das Ihre jetzigen und zukünftigen Kunden auf diese Unterscheidung aufmerksam macht.

So einfach ist das.

Viele Unternehmen wissen, wodurch sie sich abheben, aber es ist zu offenkundig, um deutlich wahrgenommen zu werden. Die Sache ist fast zu einfach, um erkannt zu werden.

Wenn Sie nach Buenos Aires reisen, werden Sie rasch feststellen, daß Quilmes die größte Biermarke Argentiniens ist. Die Firma hält einen Marktanteil von 60 Prozent und ist seit etwa 1890 im Brauereigeschäft.

In ihrer Werbung zeigt die Firma jede Menge blendend aussehender Mädchen, die blendend aussehende Männer treffen. Darunter steht der Slogan: „Der Geschmack der Begegnung." Was die Firma wirklich in den Vordergrund stellen sollte, ist eine einfache Idee, die sie wirklich zu einem einzigartigen Unternehmen machen würde: „Seit 1890 das Bier Argentiniens". Genau das ist die Firma ja.

Wer in den Westen der USA reist, wird einen der großen Markennamen Amerikas entdecken, die Wells Fargo Bank. Die Geschichte dieser Organisation geht zurück ins Jahr

1852. Damals gab es noch den Ponyexpress und galoppierende Pferdegespanne.

Solche Postlieferungen reisen heute mit Lichtgeschwindigkeit dank der Technologie der Computernetzwerke. Das wirkliche Unterscheidungsmerkmal von Wells Fargo ist jedoch nach wie vor dasselbe. Es ließe sich folgendermaßen ausdrücken: „Damals schnell. Heute ebenfalls schnell." Genau darum geht es doch.

Pontiac hat vor kurzem ein altes Differenzierungskonzept mit Erfolg wiederbelebt. Der zugrundeliegende Gedanke ist „breite Fahrspur", den die Firma mit der einfachen Idee „Wider is better" ausgezeichnet dramatisiert hat.

Je mehr sich die Dinge ändern, desto mehr bleiben sie dieselben. Wirksame differenzierende Ideen gelten ewig. Sie müssen lediglich von Zeit zu Zeit aktualisiert werden. Geändert werden sollten sie jedoch nicht. (Coca-Cola hätte „The Real Thing" niemals aufgeben sollen.)

Diese Denkweise ist nicht nur für Riesenunternehmen bestimmt. Betrachten wir die Geschichte von Aron Streit Inc., dem letzten unabhängigen Hersteller von Matze, dem ungesäuerten jüdischen Passahbrot. Die Firma hat zwar nur einen kleinen Anteil an dem Markt, der von B. Manischewitz beherrscht wird, doch Streit's hat erkannt, daß eine Sorte Matze im Grunde nur durch „Tradition" von anderer Matze unterscheidbar ist. Trotz des ganz im Trend liegenden Outsourcing aller anderen Produkte produziert Streit's seine Matze noch immer in der Rivington Street in Lower Manhattan – genau an dem Ort, wo die Firma sie seit 1914 herstellt.

Besuchen Sie die Internetseite von Streit's, und Sie werden feststellen, daß die Firma ganz genau weiß, worum es bei Differenzierung wirklich geht. Streit's drückt es so aus:

„Warum ist Streit's Matze anders als andere amerikanische Matzesorten? Weil Streit's nichts als Streit's Matze in eigenen Öfen backt."

Das ist Tradition und Differenzierung.

Zane's Cycles ist der größte Fahrradhändler im US-Staat Connecticut, der keiner Einzelhandelskette angehört. Wie erreicht der 33jährige Chris Zane jährliche Umsatzsteigerungen von 25 Prozent in einem so heiß umkämpften Markt?

Er differenziert. „Meine bekannteste Strategie ist meine lebenslange Servicegarantie", erklärt Chris. „Wenn eines meiner Fahrräder einen Schaden hat oder gewartet werden muß, tun wir alles, damit der Kunde wieder auf die Straße kann. Gratis."

Diese lebenslange Garantie ist nicht so kostspielig, wie sie scheint. Erstens wissen die Mechaniker, daß sie das Fahrrad kostenfrei warten müssen, solange es im Besitz des Kunden ist. Sie bauen also jedes Rad von vornherein ordentlich zusammen.

Zweitens sorgt die Garantie dafür, daß die besten Kunden immer wiederkommen (nämlich die Fahrradfans, die so oft radeln, daß sie den Service in regelmäßigen Abständen in Anspruch nehmen müssen). So wird das Geschäft gefördert, denn jeder Besuch bietet die Gelegenheit, neue Produkte vorzuführen, und damit neue Verkaufsmöglichkeiten.

Was bedeutet dies nun für die allerorts erstellten strategischen Planungen? Die Schwierigkeit, die wir bei den meisten Plänen entdecken, liegt darin, daß sie ausführlich darlegen, was zu tun ist, aber wenig darüber aussagen, wie es gemacht werden soll. Es ist kaum sinnvoll, wenn jemand eine Abhandlung über die Erhöhung des Marktanteils hier oder ein Vordringen da verfaßt, wenn die entscheidende Frage „Wie werden wir dies erreichen?" unbeantwortet bleibt. (Wenn ein Plan ohne das „Wie" auf Ihrem Schreibtisch landet, sollten Sie ihn zurückschicken.)

Genau an diesem Punkt scheitern die kostspieligen Unternehmensberater häufig. Sie verstehen das Konzept der Differenzierung nicht, weil es dabei um Wahrnehmung geht.

So richtig daneben geht die Sache, wenn man dem Klienten etwas über die Differenzierung seines Produkts sagt, das er nicht hören will. Genau dies war bei einer großen Ketchup-Marke in Venezuela namens Pampero der Fall.

Zu dem Zeitpunkt, da man sich an uns wandte, hatten Del Monte und Heinz die Firma bereits von ihrem Spitzenplatz gestürzt. Pampero war im Absteigen. Benötigt wurde eine Idee für ein differenzierendes Merkmal, das über die damaligen Begriffe wie „röter" oder „besser" hinausging.

Warum ist der Ketchup besser? Wie verarbeiten Sie Ihre Tomaten? Nach einigem Nachbohren stellte sich heraus, daß Pampero die Haut der Tomaten entfernt, um Geschmack und Farbe des Ketchups zu verbessern. Dies taten die großen Konkurrenten nicht.

Damit hatten wir eine interessante Idee, denn viele Menschen wissen, daß man bei den meisten Rezepten mit ganzen Tomaten die Haut entfernen muß. Pampero konnte sich die Qualitäts- und Geschmackswahrnehmung von einem Ketchup „ohne die Haut" zu Nutze machen.

Als wir der Firma mitteilten, dies sei die beste und einzige Möglichkeit, die Wahrnehmung von der Marke wiederherzustellen, brach bei Pampero große Unruhe aus. Man war offenbar gerade dabei, auf einen geldsparenden, automatisierten Prozeß umzustellen, bei dem die Haut nicht entfernt wurde (à la Del Monte und Heinz). Pampero wollte nichts davon wissen, auf althergebrachte Weise zu arbeiten.

Unsere Empfehlung lautete, die Modernisierungspläne einzustellen, da „ohne Haut" die differenzierende Idee war. Die Sache so anzugehen wie Ihre größeren Konkurrenten führt nur dazu, daß Sie in dem Krieg dort draußen umkommen.

Vor vielen Jahren schrieb Rosser Reeves ein grundlegendes Buch mit dem Titel *„Reality in Advertising"*. Darin prägte er den Ausdruck „einzigartiges Verkaufsmerkmal". Danach sollte man suchen, wenn man ein Produkt differenzieren wollte.

Viele in der Werbebranche sind der Meinung, diese Merkmale existierten heute kaum noch, weil die Produkte einander immer ähnlicher werden. Also präsentieren sie ihren Kunden Werbekampagnen, die unterhaltsam sind, aber nicht differenzieren. (Unterhaltung ist gut für den Verkauf von Eintrittskarten, aber nicht für den Absatz von Produkten.)

Diese Werbeleute begreifen nicht, daß Differenzierung in vielerlei Weise auftreten kann. Ganz sicher kommt man mit Produkteigenschaften zum Ziel. (Volvo: Sicheres Fahren.) Ebenso mit der Beliebtheit des Produkts. (Tylenol: Das am häufigsten in Krankenhäusern verwendete Schmerzmittel.) Tradition ist immer gut. (Stolichnaya: Der russische Wodka.) Zuverlässigkeit ist eine zuverlässige Methode. (Maytag: Der einsame Klempner.) Der erste zu sein ist eine Differenzierung. (Coke: The Real Thing.) Bequemlichkeit ist immer erfolgreich. (Fresh Express: Verpackter Salat.) Den größten Absatz zu haben ist die einfachste und direkteste Methode, zum Ausdruck zu bringen, daß man besser ist als die anderen. (Toyota: Das meistverkaufte Auto in Amerika.)

Selbst das Anderssein ist eine Möglichkeit, anders zu sein. Das nationale Aquarium in Baltimore stand vor dem „Alles-schon-dagewesen, alles-schon-probiert"-Problem. Die Strategie bestand nun darin, das Wahrnehmungskonzept eines Aquariums zu ändern. Statt der Beobachtung von Fischen in Wassertanks wurde ein dynamisches, sich ständig änderndes maritimes Märchenland geboten. Diese höchst erfolgreiche Strategie wurde ganz einfach zum Ausdruck gebracht: Im Aquarium gibt es immer etwas Neues.

Wo ein Wille ist, ist auch ein Weg zur Differenzierung Ihres Unternehmens oder Produkts oder Aquariums.

EINFACHE ZUSAMMENFASSUNG

Wenn Sie sich nicht unterscheiden, sollten Sie besser einen niedrigen Preis bieten.

KAPITEL 8

Konzentration auf den Kunden

Eine Grundvoraussetzung, kein Unterscheidungsmerkmal

Der Kunde hat nicht immer recht. Er hat genauso oft recht wie unrecht.

Harold Geneen,
ehemaliger Vorstandsvorsitzender von ITT

Gurus und Wissenschaftler haben aus der Kundenorientiertheit eine Industrie gemacht. Sie veröffentlichen endlose Abhandlungen darüber, wie man jene Person, genannt der Kunde, beeindruckt, liebt, zum Partner gewinnt oder bei sich behält.

Man sagt uns, der Kunde hat immer recht, manchmal recht oder in der Regel unrecht. Der Kunde ist Chef; der Kunde ist König; der Kunde ist ein Schmetterling (fragen Sie bloß nicht, was das bedeuten soll).

Es liegen heute Traktate darüber vor:

- Wie man Kundenfeedback nutzt (jede Beschwerde ist ein Geschenk)
- Wie man einen Kunden ein Leben lang behält (besseres Aftermarketing)
- Wie man sich vom Kunden inspirieren läßt (verkehrtrum durchs Fernglas schauen)
- Wie man mit schwierigen Kunden umgeht (sich besondere Mühe geben)
- Wie man sich auf das Zeitalter des niemals zufriedenen Kunden vorbereitet (Management in Echtzeit)

Einige dieser Überlegungen können äußerst kompliziert werden. Betrachten Sie nur folgendes Diagramm:

Kundendifferenzierungsmatrix

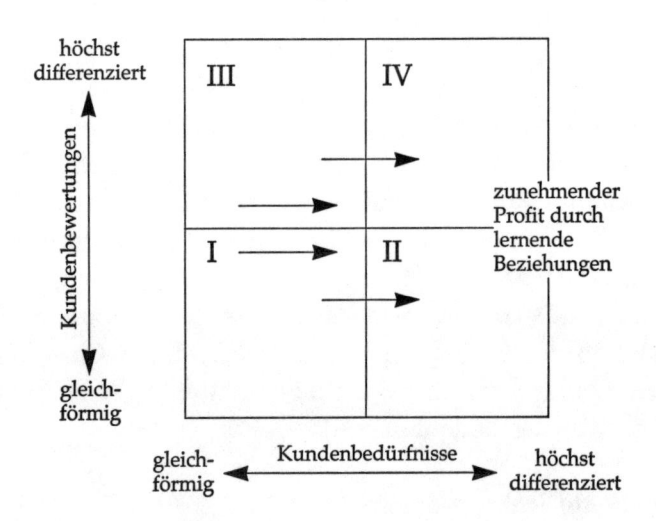

```
höchst
differenziert
    ↑
    │   III          IV
Kundenbewertungen
    │                    zunehmender
    │        ──→         Profit durch
    │   I    ──→   II    lernende
    │        ──→         Beziehungen
    │
gleich-
förmig
         gleich-   Kundenbedürfnisse   höchst
         förmig   ←──────────→         differenziert
```

Angesichts derartiger Diagramme möchte man die Geschäftswelt am liebsten verlassen.

Es ist ein großer Aberglaube, daß „dem Kunden zu dienen" der entscheidende Punkt sei.

Viele im Marketing Beschäftigte leben in einer Traumwelt. Sie glauben an das Märchen vom jungfräulichen Markt. Demzufolge ist Marketing ein Spiel, an dem lediglich zwei Spieler teilnehmen – das Unternehmen und der Kunde. Dieser Phantasievorstellung nach entwickelt das Unternehmen ein Produkt oder eine Dienstleistung, das auf die Anforderungen und Bedürfnisse des Kunden zugeschnitten ist, um dann mit Hilfe des Marketings die Früchte zu ernten.

Es gibt jedoch keine jungfräulichen Märkte. Die Realität des Marketings sieht so aus, daß ein Markt aus Konsumenten besteht, die mehr oder weniger stark an eine Reihe von

KONZENTRATION AUF DEN KUNDEN

Konkurrenten gebunden sind. Eine Marketingkampagne bedeutet daher, die eigenen Kunden zu behalten, während man gleichzeitig versucht, Kunden von der Konkurrenz abzuziehen.

Aber wie sieht es mit neuen Produkten aus? Es muß doch ein weites, unberührtes Territorium geben, wenn man ein neues Produkt einführt?

Stimmt nicht. Was für ein Markt existierte für Videorecorder, bevor Sony Betamax einführte? Überhaupt keiner. Als den potentiellen Markt definierte Sony natürlich die Besitzer von Fernsehgeräten, aber es gab keinerlei Garantie, daß auch nur einer von ihnen jemals einen Videorecorder kaufen würde.

Ungeachtet des Geredes über die Befriedigung der Anforderungen und Bedürfnisse des jungfräulichen Marktes bringen die meisten Anbieter am liebsten Produkte heraus, die auf bestehende Märkte abzielen und sich gegen etablierte Konkurrenten richten.

Genau aus diesem Grunde reden so viele Unternehmen über die Konzentration auf den Kunden. Denken Sie an die offiziellen Formulierungen von Firmenphilosophien. Von 300 Unternehmen erwähnten 211 die Kunden in ihrer Firmenphilosophie.

Dazu sagte George Fisher, früher Generaldirektor von Eastman Kodak: „Die wichtigste Lektion im Management, die ich in den vergangenen 25 Jahren gelernt habe, war, daß Erfolg nicht so sehr von Technologie oder von einer Idee abhängt als vielmehr von Menschen. Eine gute Firma wird von den Bedürfnissen und Wünschen der Kunden vorangetrieben, denen eine gutausgebildete, konzentrierte und kreative Belegschaft nachkommt."

Sie haben das Problem, George, daß Sie den Bedürfnissen Ihrer Kunden nicht entsprechen, besonders nicht denen der professionellen Fotografen. Weil sich diese Gruppe abwendete, verlor Kodak in den vergangenen zehn Jahren 25 Prozent des Marktanteils an Fuji Film. Das ist sehr bedauerlich, weil diese Kunden viel Film verschießen und sehr viel reden. (Glücklicherweise gewinnt Kodak diese Leute jetzt mit einer wirklich differenzierenden Idee zurück, nämlich einem neuen, sehr lichtempfindlichen Film.)

Man kann ruhig sagen, daß die Konzentration auf den Kunden, um eine Analogie aus dem Pokerspiel zu benutzen, nur die „Eröffnung" ist. Damit wird man sich noch nicht von Konkurrenten absetzen, die dieselben Bücher gelesen und dieselben Seminare besucht haben – besonders wenn sie, wie im Falle Fujis, überlegene Technologie zu niedrigeren Preisen bieten.

Betrachten wir die Probleme Mazdas mit seinem verschwommenen, undifferenzierten Image. Eine Werbeagentur nach der anderen versucht sich daran, eine neue Richtung zu finden.

Geschäftsführer Richard Beatty gab der letzten Agentur die Anweisung: „Wir wollen, daß unsere Marke Leute anspricht, die gern Auto fahren." Was soll an dieser Idee bitte differenzierend sein? Wie viele Leute, die nicht gern fahren, kaufen sich denn Autos? Was ist mit Volkswagen, bei denen es heißt: „Fahrer gesucht"? Oder BMW, die das „ultimative Fahrzeug" anbieten? Oder Mitsubishi, die verkünden: „Wach auf und fahr los". (Was für eine todsichere Idee.)

Unverzagt beschloß die neue Agentur, Mazdas „Markenbotschaft" müsse sich auf das emotionale Fahrbedürfnis konzentrieren, das die Agentur als „psychische Erfrischung" bezeichnete. (Da haben wir einen wirklich komplexen, kundenorientierten Gedankengang.)

All diese wunderbare Psychologie führte schließlich zu dem Konzept: „Steig ein. Sei bewegt." (Wenn ich 25.000 Dollar für einen Wagen ausgegeben hätte, würde ich zumindest erwarten, daß er sich mit mir bewegt.) Doch solche verschwommenen, kundenorientierten Gedanken werden nicht viele Mazdas aus dem Vorführraum bewegen.

Konzentrieren Sie sich zu stark auf einen Kunden, wird Ihnen alles so kompliziert erscheinen, daß Sie am Ende nicht mehr wissen, was Sie ihm sagen sollen. Betrachten wir das folgende Diagramm, das ein Unternehmensberater benutzt, um die Befriedigung von Kundenwünschen zu demonstrieren.

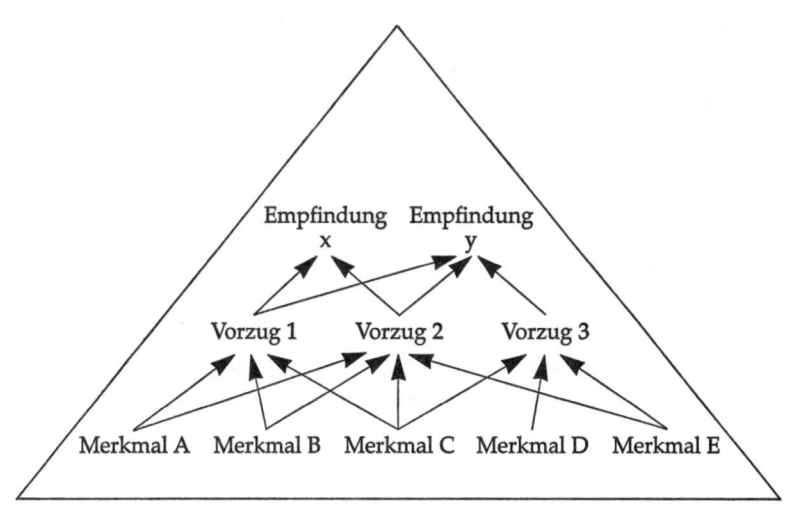

```
              Empfindung   Empfindung
                  x            y
              Vorzug 1   Vorzug 2   Vorzug 3
        Merkmal A  Merkmal B  Merkmal C  Merkmal D  Merkmal E
```

Wenn Ihr Marketingproblem aus fünf Merkmalen, drei Vorzügen und zwei Empfindungen, besteht, sollten Sie Ihr Unternehmen vielleicht besser verkaufen und die Sache von jemand anderem aufdröseln lassen.

Ein weiterer schwieriger Aspekt der Kundenorientierung ist die psychologische Tatsache, daß die Menschen dazu neigen zu kaufen, was andere kaufen – der sogenannte „Herdentrieb" (siehe „New Positioning", Kapitel 4). Dies bedeutet, daß Sie die Kunden mehr mit der Popularität Ihres Produkts beeindrucken können als mit Informationen über das Angebot.

Allzu häufig versuchen Firmen, mögliche Käufer mit einem blendenden Aufgebot an Komplexitäten zu beeindrucken, statt ihnen die einfachen Ideen zu verkaufen, die sie erwerben wollen.

Der Newton Message Pad von Apple beispielsweise verfügte über Scheduling, Adressenverzeichnis, Textverarbeitung, Taschenrechner, Tabellenkalkulation, Anschlußbuchsen für Computer und Drucker, Modem, Infrarotübertragung, eingebaute Stimmaufzeichnung, E-Mail, Fax und Internetbrowser. Dieses Angebot beeindruckte die Kunden nicht, es verwirrte sie. Kein Wunder, daß es schon bald hieß: „Ruhe in Frieden, Newton".

Es kommt jedoch auch vor, daß die Konzentration auf den Kunden wirklich von Bedeutung ist, und zwar wenn „Dienstleistung" die differenzierende Idee ist. Das ist bei Nordstrom der Fall. Zu einem Zeitpunkt, als Kundendienst praktisch aus den Kaufhäusern verschwunden war, konzentrierte sich Nordstrom darauf, die Kunden mit Dienstleistungen zu beeindrucken, die sie nie zuvor erlebt hatten.

Nordstrom ist in vielerlei Hinsicht ein ausgezeichnetes Beispiel dafür, wie eine einfache, differenzierende Idee – „besserer Kundendienst" – zu einer kohärenten Marketingstrategie erhoben werden kann. Betrachten wir die „Unternehmensstruktur" in Form einer umgekehrten Pyramide mit dem Sie-wissen-schon-Wen an der Spitze:

```
                    Kunden
        \                          /
         \   Verkaufspersonal und /
          \  unterstützende Mitarbeiter
           \                    /
            \  Abteilungsleiter/
             \                /
              \  Filialleiter,/
               \ Produktmanager,
                \  Einkäufer /
                 \          /
                  \Aufsichts-/
                   \  rat  /
                    \     /
                     \   /
                      \ /
```

Besonders gut gefällt uns das Mitarbeiterhandbuch, das aus einer einzigen etwa 10 mal 20 Zentimeter großen Karte besteht.

Willkommen bei Nordstrom

- Wir sind froh, Sie als Mitarbeiter bei uns zu haben.
- Unser wichtigstes Ziel besteht darin, herausragenden Kundendienst zu bieten.
- Setzen Sie sich hohe Ziele, im Beruf ebenso wie im Privaten.
- Wir haben größtes Vertrauen in Ihre Fähigkeit, diese Ziele zu erreichen.

Nordstroms Unternehmensregeln:

Regel Nummer 1: Nutzen Sie immer Ihr eigenes Urteilsvermögen.

Weitere Regeln gibt es nicht.

Bitte zögern Sie nicht, sich mit sämtlichen Fragen jederzeit an Ihren Abteilungsleiter, Filialleiter oder Bereichsleiter zu wenden.

Das nenne ich einfach. Nordstrom ist eine Organisation nach unserem Geschmack.

Ganz einfach ausgedrückt, besteht der Trick darin, neue Kunden zu gewinnen und alte Kunden zu behalten. Die neuen Kunden werden mit der „differenzierenden Idee" angelockt, aber darüber haben wir nun genug geschrieben.

Um die Kunden zu behalten, wenden viele Unternehmen heute mehr und mehr Geld und Zeit auf, wobei ihnen neue Technologien helfen.

Ein *einfaches Beispiel:* Ich rufe vom Telefon in meinem Hotelzimmer aus den Empfang an. Jemand nimmt den Hörer ab und sagt: „Guten Morgen, Mister Trout. Was kann ich für Sie tun?"

Allein die nebensächliche Tatsache, daß man durch eine bestimmte Kommunikationstechnologie weiß, daß ich am Telefon bin und meinen Namen nennt, macht mir den Service in diesem Hotel sympathisch. (Andererseits ist es angesichts der 250 Dollar pro Übernachtung nicht zuviel verlangt, daß man meinen Namen kennt.)

Wen es interessiert, wie Unternehmen mit Hilfe von Mikrochip-Technologie die Kundentreue stärken können, der sollte sich das Buch *„Die 1:1 Zukunft"* von Don Peppers und Martha Rogers besorgen. Wir würden Ihnen gern mehr darüber berichten, aber für uns ist es ein wenig zu komplex. Das Buch umfaßt 425 Seiten und enthält eine unendliche Zahl von Ideen für den Kundendienst.

Wenn Sie die „Disziplin" des Kundendienstes jedoch auf die einfachsten Begriffe zurückführen wollen, so bleiben nur zwei ganz einleuchtende Ideen zurück: Sie sollten Ihre Kunden so behandeln, daß sie (1.) mehr kaufen und (2.) sich seltener beschweren.

Widmen wir uns zum Schluß noch einem Aspekt, der in Marketingprogrammen häufig übersehen wird: Die Stärkung der Wahrnehmung des bestehenden Kundenkreises. Geben Sie Ihrer Kundschaft den Eindruck, sie habe sehr klug gehandelt, indem sie sich an Sie wandte.

In einem Programm für Ericssons Sendeanlagen für private Rundfunkstationen bestand die differenzierende Idee darin, die „längere Lebensdauer" des Ericsson-Systems im Vergleich zu Motorola herauszustellen. Diese Idee basierte auf Ericssons einzigartigem Umgang mit Radiospektrumtechnologie.

Für einen möglichen neuen Kunden, der eine Investition von mehreren Millionen Dollar in Rundfunktechnologie erwägt, stellt der Erwerb eines Systems, das nicht sofort überholt ist, offensichtlich einen enormen Vorteil dar. Darüber hinaus wurde jedoch auch die Überzeugung der bestehenden Ericssonkunden gestärkt, eine clevere Investitionsentscheidung getroffen zu haben.

Die eifrigsten Leser der Automobilwerbung sind Kunden, die sich gerade ein neues Auto gekauft haben. Sie suchen nach der Bestätigung, daß ihre Kaufentscheidung richtig war, um dann ihren Freunden und Nachbarn erzählen zu können, was für einen tollen Wagen sie sich gekauft haben.

Viele Firmenchefs reden zwar gern über Kundenorientierung, aber es ist interessant, womit sich die erfolgreichsten von ihnen wirklich beschäftigen. In einer Umfrage der Zeitschrift Inc. Magazine wurden die Geschäftsführer der 500 am schnellsten wachsenden Privatunternehmen gefragt, was ihnen am meisten Kopfzerbrechen bereitet. Dies war die Antwort:

- Wettbewerbsstrategien 18%,
- Personalführung 17%,
- Einführung moderner Technologie 13%,
- Wachstumsmanagement 13%,
- Finanzverwaltung 12%.

Wie Sie sehen, tauchen „Kunden" in dieser Liste überhaupt nicht auf.

EINFACHE ZUSAMMENFASSUNG

Es geht nicht darum, daß Sie Ihren Kunden kennen.

Es geht darum, daß Ihr Kunde Sie kennt.

KAPITEL 9

Jahresbudget

Eine einfache Methode, Ihr Geld zu vermehren

Ich habe ihm ein unbeschränktes Budget gegeben, und er hat es überschritten.

Edward Bennett Williams

Wenn Sie ein wirklich gutes Blatt haben, müssen Sie alles auf eine Karte setzen. Der beste Schutz gegen das Vordringen der Konkurrenz sind massive Investitionen in Ressourcen. Wenn Sie nicht schnell genug reagieren, wird die Konkurrenz ernten, was Sie gesät haben.

Eine Schwierigkeit dabei ist das Jahresbudget. Es ermöglicht eine solide Finanzplanung, aber es schafft auch ein System, das für plötzliche Änderungen nicht flexibel genug ist.

Können Sie sich vorstellen, daß ein Krieg auf der Grundlage von Jahresbudgets geführt wird? Das sähe dann so aus: „Tut uns leid, Herr Oberst, aber auf die Truppenverstärkung werden Sie bis Januar warten müssen. Dann bekommen wir unseren neuen Haushaltsplan." Das Problem hier sind die versäumten Gelegenheiten.

Ihr neues Produktangebot könnte zu einem gewaltigen Fehlschlag für Ihren größten Konkurrenten werden, doch um diese Chance nutzen zu können, mögen erheblich mehr Geld und Anstrengung erforderlich sein. Wenn das Budget für das kommende Jahr schließlich daherfließt, könnte es dafür zu spät sein. Es geht jedoch nicht darum, ob uns Budgets gefallen oder nicht. Wir müssen in jedem Fall mit ihnen leben. Wir haben daher viele Jahre lang nach einem System gesucht, das aus einer begrenzten Geldmenge ein Maximum an Nutzen zieht. Diese Untersuchung stellten wir vorwiegend im Bereich großer Multiproduktunternehmen mit umfangreichen Budgets an. Besonders dort geht es darum, „das Geld umsichtiger auszugeben".

Bei kleinen Unternehmen mit einem einzigen Produkt geht es vor allem darum, genug Geld für die erforderlichen Investitionen zusammenzubekommen. Sie verfügen in der Regel nicht über soviel Geld, daß sie es verschwenden könnten. (Wenn Sie also zu dieser Gruppe gehören, schlagen wir vor, daß Sie dieses Kapitel überspringen.)

Wer jetzt noch weiterliest sollte analysieren, wie das Geld in Multiproduktunternehmen in der Regel ausgegeben wird. Am besten läßt sich das System als „Stückwerk" beschreiben. Für jedes Produkt gibt es ein eigenes Budget. Unsere Erfahrung zeigt, daß sich dessen Umfang vor allem nach dem Umsatz richtet.

Die Frage, die wir hinsichtlich der Finanzplanung am häufigsten hören, lautet: „Welchen Anteil des Umsatzes sollten Firmen für das Marketing ausgeben?" Unsere Antwort: „So viel wie erforderlich."

Die Schwierigkeit bei dieser Methode liegt darin, daß für Produkte mit geringerem Umsatz häufig zu wenig Geld ausgegeben wird. Die andere Seite der Medaille ist, daß etablierte Produkte den Großteil des Budgets bekommen, ob dies erforderlich ist oder nicht. Und wer wird schon zugeben, es sei nicht erforderlich oder gar vergeudet?

Häufig hat dies zur Folge, daß für neue Produkte und Ideen nicht ausreichend Finanzmittel zur Verfügung gestellt werden. Wer ein größeres Budget beantragt, bekommt oft zur Antwort: „Stellen Sie diesen Antrag noch einmal, wenn Sie bessere Absatzzahlen haben." Aber wie sollen die Zahlen besser werden ohne die dafür erforderlichen Geldmittel?

Außerdem leiden in diesem System sämtliche Produkte unter Inflexibilität. Wenn das Geld erst einmal unter den verschiedenen Produktgruppen verteilt ist, läßt es sich unmöglich zurückfordern. Aufgrund dieser Fragmentierung können plötzlich auftretende Möglichkeiten oder Vorzüge einer Wettbewerbssituation nicht wahrgenommen werden. „Gute Idee, Harry", heißt es dann. „Sprechen Sie uns im nächsten Jahr noch einmal darauf an, wenn wir das neue Budget haben."

Die Welt entwickelt sich jedoch so schnell weiter, daß sich neue Gelegenheiten nicht lange bieten. Jemand anderer wird die Initiative ergreifen.

Dies sind die herkömmlichen Probleme des typischen Finanzplanungsprozesses. Es folgt eine weniger traditionelle Methode, um maximalen Nutzen aus dem jährlich zugewiesenen Geld zu ziehen, so daß bestimmte Aufgaben zufriedenstellend erledigt werden können.

Erster Schritt: Erstellen Sie Marketingpläne.
Entwickeln Sie Pläne, in denen Sie jedes Produkt hinsichtlich seiner Lebensdauer am Markt positionieren. Handelt es sich um einen neuen Markt? Wie etabliert ist die Konkurrenz? Von welchem Blickwinkel aus betrachten Sie die Konkurrenzsituation? Wie sieht Ihr Vertriebsnetz aus? Wie bekannt ist Ihr Produkt, und wie wird es im Vergleich zu Konkurrenzprodukten wahrgenommen?

Diese Pläne sollten ehrlich sein und allein auf harten Fakten basieren, nicht auf Wunschdenken.

Zweiter Schritt: Ordnen Sie die Möglichkeiten des Produkts.
Hier kommen die Zahlen ins Spiel. Sie legen fest, welche Produkte das größte Profitpotential haben, wenn alles ordentlich erledigt wird. Kann für ein bestimmtes Produkt oder eine Dienstleistung ein Preisaufschlag verlangt werden? Handelt es sich um eine neue Idee, mit der Sie sich als

Marktführer etablieren können? Oder ist es eine Massenware mit etablierter Konkurrenz?

Für diesen Schritt müssen Sie fundierte Mutmaßungen anstellen, denn die Zukunft können Sie nicht voraussagen. Versuchen Sie, jeden Schritt so abzuschätzen, daß Sie festlegen können, welcher die größte Aussicht auf optimalen Erfolg birgt.

Ein kleiner Tip für die Einordnung: Schätzen Sie in jeder Schlacht die Position Ihrer Konkurrenz ein. Je schwächer die Konkurrenz, desto größer Ihre Erfolgsaussichten. Ein Wettstreit gegen große, gutausgebildete Armeen macht nicht viel Spaß.

Dritter Schritt: Teilen Sie Werbeaufgaben zu.
Da die Werbung meist der kostspieligste Teil eines Marketingplans ist, müssen Sie sicherstellen, daß der Werbeetat dort ausgegeben wird, wo er am meisten bewirkt. Außerdem muß hinreichend Geld investiert werden.

Werbung ist, zum Beispiel, besonders wichtig, wenn Bewußtsein für neue Ideen oder Produkte geschaffen werden soll. Sehr wirkungsvoll kann sie auch beim Vergleich Ihres Produkts mit dem der Konkurrenz sein, indem Sie Ihren Wettbewerbsvorteil deutlich herausstellen.

Wenig Wirkung zeigt Werbung, wenn Sie versuchen, mögliche Kunden umzustimmen. (Dies ist letztlich sogar unmöglich.) Werbung ist auch kaum wirksam, wenn Sie potentielle Käufer lediglich unterhält, ohne ihnen bewußt zu machen, daß Ihr Produkt „anders" ist.

Vierter Schritt: Stoppen Sie, wenn Ihnen das Geld ausgeht.
Hier muß ein Firmenchef dickfellig und erbarmungslos sein.

Erstellen Sie eine Rangfolge Ihrer unterschiedlichen Programme nach Profitpotential und Effektivität, und fangen Sie oben auf der Liste an. Wenn Sie sich nur drei größere Programme leisten können, läßt es sich nicht ändern. Wenn Sie an Ihre Grenzen gestoßen sind, haben die folgenden Programme auf der Rangliste eben Pech gehabt. Sie müssen bis zum nächsten Jahr warten und mit minimalen Mitteln zurechtkommen. Das wird viel Zähneknirschen verursachen, aber Sie müssen vermeiden, daß Sie große Geldmengen auf zu viele Projekte verteilen. Ihr Ziel ist maximale Rendite bei maximalem Einsatz.

Eine Bemerkung zum Schluß. Dieser Prozeß ist als ein unternehmensweiter Vorgang dargestellt worden, doch in sehr großen Firmen läßt sich diese Methode auch auf Abteilungsebene anwenden. Jeder Abteilungsleiter würde, mit anderen Worten, das Budget anhand derselben Methode entwickeln.

Entscheidend ist, daß die Unternehmensleitung vollständig mit einbezogen wird. Hier geht es um Zuteilung, nicht um gleichmäßige Verteilung. Sie verteilen das Geld nicht anhand des Status quo, sondern Sie versuchen, Ihr Geld hinsichtlich zukünftiger Möglichkeiten besser einzusetzen. Achten Sie darauf, daß jedes Programm auch genug Geld bekommt, um zu einem Erfolg werden zu können.

EINFACHE ZUSAMMENFASSUNG

Investieren Sie in die Chancen von heute, nicht in die von gestern.

KAPITEL 10

Preise

Einfache Richtlinien für ihre korrekte Festlegung

Eine Sache ist genau das wert, was der Käufer dafür zu zahlen bereit ist.

Publius Syrus
Römischer Schriftsteller, 1. Jh. v. Chr.

Der alte Publius war ein Mann nach unserem Geschmack. Er hatte das Wesen der Preispolitik verstanden und es in wenigen Worten auf den Punkt gebracht. In den folgenden Jahrhunderten haben Akademiker und Unternehmensberater die Preisfestlegung unglücklicherweise weit komplizierter gemacht.

Wer einen typischen Marketingtext zur Hand nimmt, wird Preispolitik voraussichtlich in mehreren wortreichen Kapiteln beschrieben finden, ergänzt durch endlose Diagramme, um den Studenten hoffnungslos zu verwirren. Besonders gut gefällt uns das Diagramm, in dem marginale Kosten und marginale Ertragskonzepte für die optimale Rendite kombiniert werden (was immer das heißen mag).

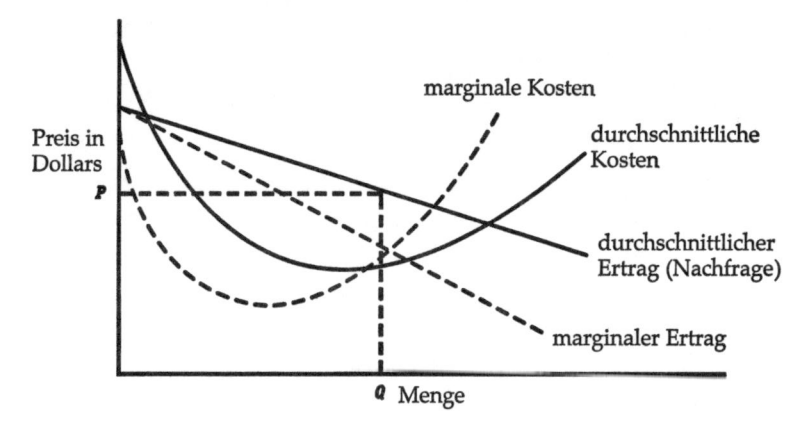

Ein weiteres interessantes und völlig unsinniges Beispiel dafür, wie man einen Preis festlegt, ist die „Auswahl von

Zielsetzungen für die Preispolitik". Werfen Sie einen Blick darauf.

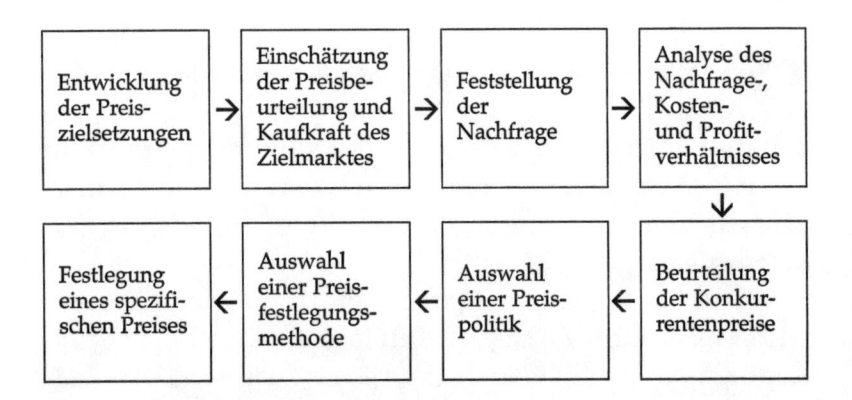

```
┌─────────────┐   ┌─────────────┐   ┌─────────────┐   ┌─────────────┐
│ Entwicklung │   │ Einschätzung│   │             │   │ Analyse des │
│ der Preis-  │ → │ der Preisbe-│ → │ Feststellung│ → │ Nachfrage-, │
│ zielsetzungen│  │ urteilung und│  │ der         │   │ Kosten-     │
│             │   │ Kaufkraft des│  │ Nachfrage   │   │ und Profit- │
│             │   │ Zielmarktes │   │             │   │ verhältnisses│
└─────────────┘   └─────────────┘   └─────────────┘   └─────────────┘
                                                             ↓
┌─────────────┐   ┌─────────────┐   ┌─────────────┐   ┌─────────────┐
│ Festlegung  │   │ Auswahl     │   │ Auswahl     │   │ Beurteilung │
│ eines spezi-│ ← │ einer Preis-│ ← │ einer Preis-│ ← │ der Konkur- │
│ schen Preises│  │ festlegungs-│   │ politik     │   │ rentenpreise│
│             │   │ methode     │   │             │   │             │
└─────────────┘   └─────────────┘   └─────────────┘   └─────────────┘
```

Wenn Sie sich hier durchgearbeitet haben, werden Sie vermutlich feststellen, daß zwei oder drei Ihrer Konkurrenten den Markt bereits an sich gerissen haben.

Vielleicht werden Sie einwenden, wir seien nicht fair, weil niemand mehr die Lehrbücher zur Hand nimmt, wenn er erst einmal die Ausbildung hinter sich hat.

Gut, dann betrachten wir ein relativ neues Buch mit dem Titel *„Profit durch Power Pricing"* (*Power Pricing: How Managing Price Transforms the Bottom Line"*) (12). Geschrieben haben es ein Harvardprofessor und ein deutscher Unternehmensberater. Es umfaßt 416 Seiten voll mit aktuellen Konzepten und Trends der Preispolitik. Behandelt werden, so wird stolz verkündet, „die mathematischen Grundlagen und Beziehungen zwischen Preis, Kosten und Rendite sowie Erörterungen internationaler, nicht linearer und schließlich Produktpreisfestlegung sowie Preis-Zeit Angleichung und -Bündelung. (Mit dieser Bettlektüre werden Sie bestimmt schnell einschlafen.)

Ganz ehrlich gesagt, wissen wir nicht, ob diese Theorien Unsinn sind, oder ob es sich um brillante Einsichten handelt, die unter enormer Komplexität begraben sind. Wir wissen jedoch, daß es eine Reihe von praktischen Überlegungen zur Preispolitik gibt, die sich am Markt immer wieder bewährt haben. In den meisten von ihnen geht es nicht um komplizierte mathematische Berechnungen, sondern um den Wettbewerb.

Sie müssen im Rahmen bleiben.
Wenn ein Markt etabliert ist, wird das ungefähre Preisniveau schnell von allen erkannt. Wie unser römischer Freund am Anfang des Kapitels sagte, gilt, was „der Käufer zu zahlen bereit ist". Fällt der Preis für Ihr Produkt aus dem Rahmen, wird sich der Kunde fragen, ob er nicht zuviel bezahlt. Damit eröffnet sich der Konkurrenz die Möglichkeit, Ihnen Ihr Geschäft abzunehmen. Das erkannte Marlboro am „Marlboro-Freitag", als die Firma die Preise senkte. Auch die Aktienpreise sanken, aber Marlboro gewann seinen Marktanteil zurück.

Die Leute sind bereit, etwas mehr zu bezahlen, wenn sie glauben, bessere Qualität zu erhalten.
Solange Sie sich im Rahmen bewegen, werden Ihre Kunden zu teureren Boxen greifen, wenn sie den Eindruck haben, daß sie etwas für ihr Geld bekommen.

Als Procter & Gamble die Preise auf das allgemeine Niveau senkte, machte die Firma den Eigenmarken der Supermärkte das Leben schwer. Die Menschen sind bereit, für eine echte Marke mit echten Vorzügen etwas mehr zu bezahlen. Aber sehr viel mehr zahlen sie nicht.

Qualitätsprodukte sollten etwas teurer sein.
Die Menschen gehen davon aus, daß sie für ein besseres Produkt mehr bezahlen müssen, aber die Qualität muß in irgendeiner Weise sichtbar sein. Ein Glas Feinschmecker-Popcorn von Orville Redenbacher sieht weit beeindruckender aus als eine günstigere Dose Jolly Time. Außerdem entsteht die Erwartung, daß wirklich alle Körner aufplatzen werden.

Wenn ich für eine Jacke von NorthFace mehr zahlen muß, dann ist es hilfreich, ein kleines Schild von GoreTex zu sehen, auf dem steht: „Schützt garantiert vor Nässe." Meine Rolex sollte kräftig und solide aussehen. Doch, um ehrlich zu sein, viele Uhren, die für den Bruchteil des Preises einer Rolex zu bekommen sind, sehen kräftig und solide aus. Das bringt uns zum nächsten Punkt.

Teure Produkte sollten Prestige bieten.
Wenn ich 5.000 Dollar für eine Rolex ausgebe, will ich, daß meine Freunde und Nachbarn wissen, daß ich eine Rolex trage. So wissen sie, daß ich erfolgreich bin. Dasselbe gilt für teure Autos. Niemand gibt es zu, aber der Grund dafür, 50.000 Dollar für ein Auto auszugeben, liegt darin, daß man Freunde und Nachbarn beeindrucken will.

Genau aus diesem Grunde wurde der Cadillac Allante ein 50.000-Dollar-Fehlschlag. Kann ich meine Nachbarn mit einem Cadillac beeindrucken? Woher soll das Prestige kommen? Woher sollen meine Nachbarn wissen, daß ich 50.000 Dollar für ein Auto ausgegeben habe?

Was sagt ein hoher Preis über ein Produkt aus? Er besagt, daß das Produkt viel wert ist. Der Preis wird also zu einer Eigenschaft des Produkts selbst. (Genau hierin liegt der Erfolg so vieler Luxusartikel begründet – Mercedes Benz, Absolut-Wodka, Grey Poupon-Senf, um nur drei zu nennen.)

Marktneulinge konkurrieren in der Regel über den Preis.
Gibt es bereits fest etablierte Marktführer, machen sich neue Konkurrenten üblicherweise den Preis zur Strategie.

Sie dürfen nicht zulassen, daß sie sich etablieren können. Kodak erlaubte Fuji, sich im Markt festzusetzen, indem die Firma nicht schnell genug auf Fujis günstigere Preise reagierte. AT&T überließ MCI fast 20 Prozent des Marktes, bevor man gegen den Preisangriff von MCI vorging.

Armeegenerale sagen über angreifende Truppen: „Sie müssen im Wasser geschlagen werden, wenn sie am schwächsten sind. Als nächstes sind sie am Strand aufzuhalten, wo sie immer noch schwach und nicht formiert sind. Auf keinen Fall dürfen sie ins Landesinnere vordringen."

Einer der berühmtesten Schritte zur Blockierung eines Herausforderers in Amerika zerstörte nicht nur den Konkurrenten, sondern machte die Marke zum meistverkauften Drogerieprodukt der USA.

Die Marke ist Tylenol, ein Schmerzmittel der Firma Johnson & Johnson's McNeil Laboratories. Ursprünglich war es um 50 Prozent teurer als Aspirin, und es wurde vor allem Ärzten und anderen Spezialisten im Gesundheitswesen angeboten. Tylenol lag in der gehobenen Preisklasse.

Bristol-Meyers witterte eine günstige Gelegenheit. Im Juni 1975 brachte die Firma Datril heraus, mit „derselben Schmerzlinderung und derselben Sicherheit wie Tylenol". Der Unterschied war der Preis, so verkündete die Datrilwerbung, in der es hieß, 100 Tylenoltabletten kosteten 2,85 Dollar, Datril dagegen nur 1,85 Dollar.

Einer der Fehler, die Bristol-Meyers unterliefen, war, die Idee in ihrem traditionellen Testmarkt, Albany und Preoria, auszuprobieren. Raten Sie mal, wer den Test mit Argusaugen beobachtete?

Zwei Wochen vor dem Start der Datril-Werbekampagne senkte Johnson & Johnson den Preis für Tylenol auf das Niveau von Datril. Darüber hinaus gab Johnson & Johnson Gutscheine für den Einzelhandel heraus, um auch den Preis für Waren in den Schaufenstern der Geschäfte zu senken.

Die Strategie von Johnson & Johnson ging hundertprozentig auf. Datril erreichte nicht mehr als ein Prozent Marktanteil.

Tylenol dagegen hob ab wie eine Rakete. Die Reaktion auf die bestehende Herausforderung brachte Tylenol direkt an die Spitze, und bis heute ist in dieser Produktkategorie keine Nummer zwei auszumachen. Der Schmerzmittelmarkt wird vollständig von Johnson & Johnson kontrolliert.

Hohe Preise und hohe Gewinne ziehen die Konkurrenz an. Ihre Konkurrenten werden Ihren Erfolg wittern wie Bären den Honig und herbeiströmen, um ein Stück abzubekommen.

Kluge Unternehmen melken den Markt nicht leer. Sie behalten niedrige Preise bei, um den Markt zu dominieren und neue Konkurrenz abzuschrecken. Microsoft ist ein Beispiel für diese Methode. Software wird praktisch umsonst abgegeben, um die dominierende Marktstellung zu behalten oder einen Konkurrenten zu verdrängen.

Darüber hinaus haben Untersuchungen ergeben, daß frühzeitige Preissenkungen den Absatz eines neuen Produkts in die Höhe treiben können.

Es ist zwar verführerisch, die Gewinne in einer neuen Kategorie zu maximieren, aber denken Sie daran, daß Sie einem Konkurrenten die Möglichkeit geben, sich zu sagen: „Das kann ich für weniger Geld anbieten und mache immer noch Profit."

Gewöhnen Sie Ihre Kunden nicht daran, aufgrund des Preises zu kaufen.
Einige Produktgruppen neigen zur Selbstzerstörung, weil sie immer im Sonderangebot sind. Nerzmäntel und Matratzen scheinen niemals auch nur im entferntesten für den Listenpreis verkauft zu werden. Detroit wird immer mal wieder rabattfreudig, und die Kunden warten nur auf ein günstiges Angebot. In jüngster Zeit sind die ständigen Sonderangebote für Handies zu beobachten.

Das soll nicht heißen, daß Sie den Wettbewerb über den Preis ignorieren sollen, aber es gibt bestimmte Regeln für Preisnachlässe. Die folgende Liste sollten Sie vielleicht parat haben, wenn man das nächste Mal fordert, daß Sie Ihren Preis senken.

Die Gebote des Preisnachlasses

- Du sollst nicht mit dem Preis heruntergehen, nur weil es alle anderen auch tun.
- Du sollst deinen Preisnachlaß kreativ einsetzen.
- Du sollst Preisnachlässe nutzen, um Lagerbestände loszuwerden oder zusätzliche Kunden zu gewinnen.
- Du sollst Sonderangebote zeitlich begrenzen.
- Du sollst sicherstellen, daß wirklich der Kunde vom Angebot profitiert.

- Du sollst nur mit dem Preis heruntergehen, um in einem gereiften Markt zu überleben.
- Du sollst mit Preisnachlässen aufhören, so schnell du kannst.

Bei einem niedrigen Preis ist dauerhafter Erfolg schwierig. Sich mit einem niedrigen Preis im Markt zu positionieren ist das eine, aber „Niedrigpreise" als Strategie zu fahren ist eine ganz andere Sache. Nur wenige Firmen werden mit dieser Methode glücklich, aus dem einfachen Grunde, weil jeder Konkurrent einen Bleistift besitzt. Damit kann er jederzeit auch seine Preise senken, und schon ist Ihr Wettbewerbsvorteil dahin. Michael Porter schrieb: „Preissenkungen sind meistens Wahnsinn, wenn die Konkurrenz ihre Preise ebensoweit senken kann wie Sie."

Das Anheben der Preise, auf der anderen Seite, funktioniert nur, wenn die Konkurrenz mitzieht. General Mills hob im Sommer 1997 seine Preise um durchschnittlich 2,6 Prozent an. Alle anderen Corn-Flakes-Hersteller blieben bei ihren alten Preisen, und die wichtigsten Marken von General Mills verloren im kommenden Vierteljahr 11 Prozent ihres Umsatzes.

Niedrige Preise sind nur dann erfolgreich, wenn sie gegenüber Ihrer Konkurrenz einen strukturierten Niedrigkostenvorteil haben. Southwest Airlines hat gegenüber den großen Flugunternehmen einen Kostenvorteil (keine Gewerkschaften, nur einen Flugzeugtyp, kein Reservierungssystem etc.). Auf diese Weise konnte sich Southwest erfolgreich als Billigfluglinie positionieren.

Der U.S. Postal Service positionierte seine Priority Mail als kostengünstige Alternative zu UPS und FedEx. Priority Mail bietet weder schicke elektronische Systeme zur Überprüfung des Lieferweges noch garantierte Auslieferung am nächsten Tag. Lieferungen des Postal Service dauern daher etwas länger, aber die Kosten sind niedriger. Dieser Ansatz scheint für Postal Service recht erfolgreich zu sein, aber wir vermuten, daß die Konkurrenz nach dem Bleistift zu schielen beginnt.

Preise können sinken.
Bei wachsenden Kapazitäten, sinkenden Währungskursen und zunehmender Konkurrenz haben sich alte Regeln geändert: Die Preisentwicklung weist nach unten. Das kann neue Strategien erforderlich machen, um auf ganz neue Weise Wert zu schaffen. Dies tat General Electric mit einem Kundenberatungsservice für die Nuancen im globalen Geschäftsleben. Außerdem weitete GE seinen Kundendienst aus, so daß die Kunden weniger eigenes Wartungspersonal beschäftigen müssen.

Andere Firmen vereinfachten umgehend ihre Produktreihen, indem sie weniger erfolgreiche Artikel abstießen. Es gab also weniger Flops und weniger Verluste bei Marktanteil und Rendite.

Einige finden Möglichkeiten, die Kosten schneller zu senken, als die Preise nachgeben, indem sie mit Hilfe von Computertechnologie von weniger Lieferanten größere Mengen zu einem niedrigeren Preis einkaufen.

Der Trick besteht darin, sich der Realität zu stellen, sie zu verstehen und sich mit ihnen anzufreunden.

Planen Sie in Ihrem Preis einen gewissen Betrag für die Werbung mit ein.
Einer der am häufigsten zu beobachtenden Fehler bei der Preisfestlegung ist die mangelnde Zuweisung von Geld für

das Branding der Marke. Gewisse Ausgaben für Marketing sind in der Regel vorgesehen, doch häufig nicht genug, um den wahrgenommenen Wert der Marke aufzubauen.

Viele übersehen auch, daß der Aufbau einer differenzierten Marke im voraus Geld erfordert. Kluge Anbieter reinvestieren die ersten Einnahmen aus einer neuen Marke in deren Aufbau.

Wie wollen Sie wahrnehmbaren Wert schaffen, ohne die Mittel zu haben, um möglichen Käufern ihre differenzierende Idee zu präsentieren? Und wie schon am Anfang des Kapitels erwähnt: Ohne eine solche Idee bieten Sie besser einen sehr niedrigen Preis.

EINFACHE ZUSAMMENFASSUNG

Der Preis richtet sich nach dem, was Ihr Kunde zu zahlen bereit ist und Ihre Konkurrenten Ihnen erlauben.

Fragen der Unternehmensführung

In unserer wettbewerbsorientierten Welt ein Unternehmen zu führen gleicht der Kriegführung. Zugrunde liegen muß, was das Militär die KISS-Prinzipien nennt (Keep it simple, stupid).

KAPITEL 11

Firmen-philosophie

Sie vergrößert nur die Verwirrung

Ein paar Leute legen Schlips und Jackett ab, ziehen sich für drei Tage in ein Motelzimmer zurück und bringen einen Haufen Wörter zu Papier – und dann geht es weiter wie zuvor.

John Rock
Geschäftsführer der
Oldsmobile Division von General Motors,
über Unternehmensphilosophie

Eine Firma, die verstanden hat, wodurch sich ihre Strategie grundsätzlich von anderen abhebt, müßte doch eigentlich in der Lage sein, ohne Probleme eine Unternehmensphilosophie zu formulieren, sollte man annehmen.
Hüten Sie sich vor dieser Annahme.
Da es bei Volvo vor allen Dingen um Sicherheit geht, sollte die Firmenphilosophie in etwa lauten: „Volvos Geschäft besteht darin, die sichersten Autos der Welt herzustellen."
Glauben Sie, dieser Satz oder ein annähernd ähnlicher ziert die Wände in den Volvowerken? Mitnichten. Die Erklärung der Firmenphilosophie enthält 130 Wörter; Sicherheit ist das hundertsechsundzwanzigste. (Der Begriff wäre beinahe überhaupt nicht aufgenommen worden.)
Kein Wunder, daß Volvo nun mit heißen Sportwagen und Kabrios wie dem C70 experimentiert. Das „panzerartige" Aussehen ist bei diesen Wagen verschwunden. Wenn es so weitergeht, wird auch der Umsatz bald verschwunden sein.
Firmenphilosophien sind ein relativ neues Phänomen im Geschäftsleben. Pamela Goett, die Redaktionsleiterin des *Journal of Business Strategy*, beschreibt die Anfänge wie folgt:

> „Vor ein paar Jahren kam irgendein Guru zu dem Schluß, eine Firmenphilosophie sei unerläßlich für den Erfolg eines Unternehmens. Viele Firmen steckten ihre ranghöchsten Mitarbeiter in teure, abgelegene Hotels, damit sie dieses überlebenswichtige Dokument erstellen konnten. Die Führungskräfte nahmen diese Aufgabe sehr, sehr

ernst. (Daher klingen viele Unternehmensphilosophien so gezwungen und steif.) Die Begeisterung für Unternehmensphilosophien und Visionen gleicht dem Jubel für des Kaisers neue Kleider. Man applaudiert einer Täuschung, einer schnellen Lösung, die weit mehr Überlegung und Planung erfordert, als in ein paar Worten in Schönschrift ausgedrückt werden kann." (13)

Heute wird häufig davon ausgegangen, daß über die Firmenphilosophie zum Ausdruck gelangt, was ein Unternehmen darstellen will, wenn es reif ist. Wochen und Monate werden mit qualvollen Diskussionen über jedes einzelne Wort verbracht.

Wenn Sie diesen Gedankengang genauer untersuchen, werden Sie erkennen, wie die Formulierung dieser Erklärungen vor sich geht. Die folgende Darstellung zeigt die verschiedenen Phasen dieses Prozesses und einige Anmerkungen zu den jeweils auftretenden Schwierigkeiten.

Wie Firmenphilosophien entstehen:

Phase 1: Mach dir ein Bild von der Zukunft.
(Das ist unmöglich.)

Phase 2: Bilde eine Arbeitsgruppe zur Formulierung der Philosophie.
(Verschwende die Zeit hochbezahlter Leute.)

Phase 3: Erstelle eine vorläufige Erklärung.
(Viele Köche zerkochen den Brei.)

Phase 4: Vermittle die endgültige Erklärung.
(Häng sie an die Wand, damit die Mitarbeiter sie ignorieren können.)

Phase 5: Setze die Philosophie um.
(Verwandle deine Firma in Brei.)

FIRMENPHILOSOPHIE

Soweit wir sehen können, macht dieser Vorgang für die meisten Unternehmen alles nur schwieriger und hat kaum Vorteile.

Für diese Auffassung gibt es keinen besseren Beweis als ein Buch mit dem Titel *„Das Buch der Unternehmensphilosophien"* (14). Es enthält 301 Firmenphilosophien der größten US-Unternehmen. Ein Herr namens Jeremy Bullmore nahm es in einem Artikel im *Marketing Magazine* auf sich, die Wörter zu zählen, die von den Autoren von Firmenphilosophien besonders häufig verwendet wurden. Es wurde zu einer Auflistung von Klischees. Seine Untersuchung der 301 Erklärungen ergab folgendes:

Kundendienst (230 mal erwähnt) Wachstum (118)
Kunden (211) Umwelt (117)
Qualität (194) Profit (114)
Wert (183) Führung (104)
Mitarbeiter (157) der/die/das Beste (102)

Außerdem entdeckte er, daß viele der 301 Erklärungen austauschbar sind. (Könnte es sein, daß einige Firmen voneinander abschreiben?)

Spaßeshalber haben wir einige Erklärungen der unter B auftauchenden Firmen (und ein paar andere) niedergeschrieben. Bei Boise Cascade heißt es: „Ziel ist die kontinuierliche Steigerung des Wertes der Firma für Kunden, Mitarbeiter, Aktionäre und die Gesellschaft." (Das könnte nun auf jede Firma, zu jedem Zeitpunkt und an jedem Ort zutreffen.)

Der Eiskremhersteller Ben & Jerry zeigte sich erheblich wortreicher:

„Wir verpflichten uns zur Schaffung eines neuen Unternehmenskonzepts gegenseitiger Wertsteigerung:

Unsere Philosophie besteht aus drei miteinander verknüpften Teilen:

Produktphilosophie: Die Herstellung, der Vertrieb und Verkauf hochqualitativer, ausschließlich natürlicher Eiskrem in einer großen Bandbreite innovativer Geschmacksrichtungen aus Milchprodukten aus Vermont.

Zugrunde liegt der Unternehmensphilosophie von Ben & Jerry „tief empfundener Respekt vor dem einzelnen innerhalb und außerhalb der Firma sowie vor den sozialen Gruppen, denen er angehört."

(Wir sind voll und ganz für Respekt vor dem einzelnen, aber Ben & Jerry sollten mehr Respekt vor Haagen Dazs haben, wenn sie erfolgreich sein wollen.)

Boeing spricht vom „fundamentalen Ziel, eine zwanzigprozentige Jahresrendite für die Einlagen der Aktionäre zu erreichen". (Das ist unrealistisch angesichts der Airbus-Konkurrenz und des daniederliegenden asiatischen Wirtschaftsraums. Boeing sollte über das Geschäft reden und nicht über die Zahlen.)

Selbst die US-Regierung macht bei dieser Geschichte mit. Eine der schönsten Erklärungen stammt von der Air Force. „Die Verteidigung der Vereinigten Staaten durch Kontrolle und Nutzung von Luft und Weltraum." (Luftkrieg ist damit gemeint.)

Die Erklärung der CIA enthält beinahe 200 fürsorgliche, schmalzige Ausdrücke, aber kein Wort zum grundlegenden Problem, wie der Geheimdienst seine Aufgabe korrekt erfüllen kann.

Soweit wir sehen, haben diese Unternehmensphilosophien kaum positive Auswirkungen auf das Geschäft einer Firma.

FIRMENPHILOSOPHIE

Die Philosophie von Levitz Furniture lautete: „Die Erfüllung der Bedürfnisse und Erwartungen unserer Kunden mit Produkten und Dienstleistungen höchster Qualität."

(Vor dem Bankrott konnte diese schöne Erklärung die Firma nicht bewahren.)

Glücklicherweise hängen die meisten Firmen ihre Unternehmensphilosophie in einen vergoldeten Rahmen in die Empfangshalle, wo sie die Geschäftsführung, die ihre eigenen Pläne hat, ignorieren kann.

Die einfache Antwort lautet: Vergessen Sie, was Sie „sein wollen", und konzentrieren Sie sich darauf, was Sie „sein können". Das ist viel produktiver.

Das bedeutet, daß Ihre Unternehmensphilosophie Ihre Grundstrategie enthalten muß. Sie sollte die Idee darlegen, mit der Sie sich von der Konkurrenz unterscheiden, und erläutern, wie sie genutzt werden soll, um der Konkurrenz einen Schritt voraus zu sein. In Volvos Unternehmensphilosophie sollte es um Sicherheit gehen, denn genau das kann die Firma weiterhin am Markt darstellen.

In Boeings Firmenstrategie sollte es darum gehen, weiterhin der Marktführer im Bereich der zivilen Luftfahrt zu sein, und nicht um die Rendite der Aktionäre.

Ben & Jerry sollten sich zum Ziel setzen, Milchprodukte aus Vermont im Vergleich zu denen aus New Jersey zum Goldstandard zu machen. (In New Jersey ist Haagen Dazs ansässig.) Außerdem benötigen Sie kein Komitee, das wochenlang an der Erklärung schreibt. Der Geschäftsführer und seine engsten Mitarbeiter sollten sie an einem Vormittag formulieren können. Halten Sie die Erklärung kurz und einfach.

Die Erklärung der Unternehmensphilosophie von Seagram erstreckt sich über zehn Sätze mit insgesamt 198 Wörtern. (Man braucht ein Glas guten Scotch, während man das alles liest.)

Wenn ein Geschäftsführer ein Komitee benötigt, um die Geschäftsgrundlagen herauszufinden, braucht die Firma einen neuen Chef, nicht eine Unternehmensphilosophie.

Der letzte Schritt ist nicht damit getan, die Erklärung dessen, „was wir erreichen können", an die Wand zu hängen. Stellen Sie allen wichtigen Gruppen innerhalb der Firma diese grundlegende Unternehmensstrategie vor und sorgen Sie dafür, daß sie verstanden wird. Lassen Sie die Mitarbeiter Fragen stellen und seien Sie ehrlich in Ihren Antworten.

Aus unserer Sicht besteht der einzige Grund für eine Erklärung der Firmenphilosophie darin sicherzustellen, daß sie von jedem Mitarbeiter verstanden wird.

EINFACHE ZUSAMMENFASSUNG

Eine schmalzige Unternehmensphilosophie ist Hinweis darauf, daß eine Firma orientierungslos ist.

KAPITEL 12

Führerschaft

Es geht darum, den Angriff zu führen

Willst du Menschen führen, so gehe hinter ihnen her.

Laotse
Chinesischer Philosoph und
Begründer des Taoismus

Strategie, Vision und Unternehmensphilosophie hängen von der einfachen Voraussetzung ab, daß Sie wissen, wohin Sie gehen wollen. Niemand kann Ihnen folgen, wenn Sie nicht wissen, in welche Richtung Sie gehen.

Vor vielen Jahren machten die Autoren Peter und Hull in ihrem Buch „*Das Peter-Prinzip*" („*The Peter Principle*") die Beobachtung: „Die meisten Hierarchien sind heute so durchsetzt von Regeln und Traditionen und so stark in die Gesetze eingebunden, daß auch die höchsten Führungskräfte niemanden mehr führen in dem Sinne, daß sie die Richtung weisen und die Geschwindigkeit vorgeben. Sie folgen lediglich Präzedenzfällen, halten sich an Regeln und gehen der Menge voran. Solche Mitarbeiter führen genauso wie eine holzgeschnitzte Galionsfigur ein Schiff führt."

Vielleicht ist diese pessimistische Einschätzung von Führungsqualitäten der Auslöser für eine riesige Flut von Büchern über Betriebsführung (von denen die meisten einfach nur albern sind). Sie enthalten Ratschläge darüber, wem man nacheifern sollte (Atilla dem Hunnen), was man erreichen soll (innerer Friede), was zu untersuchen ist (Fehlschläge), was man anstreben soll (Charisma), ob man delegieren sollte (manchmal), ob Zusammenarbeit ratsam ist (möglicherweise), wer Amerikas geheime Führer sind (Frauen), was persönliche Führungsqualität ausmacht (Integrität), wie man Glaubwürdigkeit erreicht (indem man glaubwürdig ist), wie man eine wirkliche Führungskraft wird (Finde die Führungspersönlichkeit in dir selbst!) und was die neuen Naturgesetze des Führens sind (Fragen Sie gar nicht erst, wie sie lauten!). 3098 Bücher mit dem Wort „Führen" im Titel sind derzeit lieferbar.

Unserer Auffassung nach ist die Frage nach erfolgreicher Führerschaft kein ganzes Buch wert. Drucker bringt es in wenigen Sätzen zum Ausdruck: „Die Grundlage erfolgreichen Führens besteht darin, die Aufgabe einer Organisation klar und deutlich zu durchdenken, zu definieren und umzusetzen. Der Führer setzt die Ziele, legt Prioritäten fest und achtet darauf, daß ein bestimmtes Niveau gehalten wird."

Erste Frage: Wie findet man die richtige Richtung? Um ein herausragender Stratege zu werden, müssen Sie sich geistig in den Schlamm des Marktes begeben. Sie müssen sich an der Front inspirieren lassen, vom Auf und Ab der großen Marketingschlachten, die im Kopf potentieller Kunden ausgetragen werden.

Es ist kein Geheimnis, daß einige der größten Militärstrategen der Welt ganz unten angefangen haben. Ihre Überlegenheit bewahrten sie sich, indem sie nie den Kontakt zur Realität des Krieges verloren haben. Karl von Clausewitz besuchte nicht die besten Militärakademien, er diente im Feld nicht unter den besten militärischen Denkern, und er lernte seinen Beruf nicht von seinen Vorgesetzten. Clausewitz erlernte seine Militärstrategie auf die beste und härteste Weise – durch Fronterfahrung in einigen der berühmtesten und blutigsten Schlachten der Kriegsgeschichte.

Der bescheidene Sam Walton besuchte im Laufe seines Lebens jedes einzelne seiner Wal-Mart-Geschäfte an der Front! Selbst mitten in der Nacht verbrachte er noch Zeit damit, sich auf den Laderampen mit den Lagerarbeitern zu unterhalten.

Im Gegensatz zu „Mister Sam" neigen heute viele Führungskräfte dazu, den Kontakt mit der Wirklichkeit zu verlieren. Je größer das Unternehmen, desto größer die Wahrscheinlichkeit, daß der Geschäftsführer keine Berührungspunkte mehr mit der Front hat. Dies könnte durchaus der wichtigste Faktor für das mangelnde Wachstum einer Firma sein.

Alle anderen Faktoren zielen auf Größe ab. Marketing ist Krieg, und der wichtigste Grundsatz des Kriegswesens ist das Prinzip überlegener Kräfteverhältnisse. Die größere Armee und das größere Unternehmen sind im Vorteil. Doch zu einem gewissen Grad gibt das große Unternehmen seinen Vorteil auf, wenn es sich nicht mehr auf die Marketingschlacht im Kopf des Kunden konzentrieren kann.

Das Duell zwischen Roger Smith und Ross Perot bei General Motors ist ein Beispiel dafür. Während seiner Zeit im Aufsichtsrat von General Motors verbrachte Ross Perot seine Wochenenden damit, Autos zu kaufen. Roger Smith kritisierte er dafür, daß er nicht dasselbe tat.

„Wir müssen das System von General Motors zerstören", sagte Perot und setzte sich dafür ein, Bomben auf die beheizten Garagen, chauffierten Limousinen und Führungskräfte-Kantinen zu werfen.

Limousinen mit Chauffeur in einer Firma, die versucht, Autos zu verkaufen? Der fehlende Kontakt der Führungsetage mit dem Markt ist eines der größten Probleme von Großunternehmen.

Wie kann ein stark beschäftigter Firmenleiter objektive Informationen darüber bekommen, was wirklich vor sich geht? Was können Sie gegen die Neigung des mittleren Managements tun, Ihnen nur zu sagen, was Sie seiner Meinung nach hören wollen? Wie können Sie nicht nur die guten, sondern auch die schlechten Neuigkeiten erfahren? Wenn Ihnen Negatives nicht unmittelbar zu Ohren kommt, hat es die Möglichkeit zu gedeihen, anstatt ausgemerzt zu werden. Betrachten wir die folgende Parabel:

Der Plan
Am Anfang war der Plan, und es folgten die Vermutungen.
Und die Vermutungen waren ohne jede Form,
und der Plan entbehrte jeglicher Substanz.

Die Arbeiter
Und Dunkelheit lag auf den Gesichtern der Arbeiter,
als sie zum Vorarbeiter sagten:
„Es ist ein Eimer Scheiße, und er stinkt."

Die Vorarbeiter
Und die Vorarbeiter gingen zu den Abteilungsleitern und sprachen:
„Es ist ein Eimer Dung, und seinem Geruch kann niemand standhalten."

Die Abteilungsleiter
Und die Abteilungsleiter gingen zu ihren Managern und sprachen:
„Es ist ein Container mit Exkrementen. Und es ist sehr stark.
So stark, daß niemand ihm standhalten kann."

Die Manager
Und die Manager gingen zu ihrem Direktor und sprachen zu ihm:
„Es ist ein Gefäß voll Dünger. Und seiner Kraft kann niemand standhalten."

Der Direktor
Und der Direktor ging zum Vizepräsidenten und sprach zu ihm:
„Es verspricht Wachstum und ist sehr mächtig."

Der Vizepräsident
Und der Vizepräsident ging zum Präsidenten und sprach zu ihm:
„Dieser machtvolle neue Plan wird aktiv das Wachstum und den Erfolg
der Firma fördern."

Die Strategie
Und der Präsident betrachtete den Plan, und er sah, daß er gut war,
und der Plan wurde zur Strategie."

FÜHRERSCHAFT

Eine der Möglichkeiten herauszufinden, was wirklich vor sich geht, ist, sich „inkognito" unter die Leute zu mischen oder unangekündigt aufzutauchen. Dies ist besonders nützlich im Vertrieb und im Einzelhandel. Ganz so wie der König, der sich in Straßenkleidung unter seine Untertanen begibt. Warum? Um eine ehrliche Meinung darüber zu hören, was vor sich geht. Ganz wie Könige erfahren hohe Führungskräfte nur sehr selten die ehrliche Meinung ihrer Minister. Dafür gibt es einfach zu viele Intrigen am Hofe.

Die Mitarbeiter im Verkauf, wenn Sie einen solchen haben, sind ein entscheidender Teil der Gleichung. Der Trick besteht darin, eine gute, ehrliche Einschätzung der Konkurrenz von ihnen zu kriegen. Am besten, Sie loben ehrliche Information. Wenn sich erst einmal herumspricht, daß der Geschäftsführer Ehrlichkeit und Realitätssinn schätzt, werden Sie sehr viel mehr gute Informationen bekommen.

Ein weiterer Aspekt des Problems ist die Einteilung Ihrer Zeit. Häufig verbringen Sie Ihre Zeit mit jeder Menge Aktivitäten, die Sie davon abhalten, die Front zu besuchen. Es gibt zu viele Sitzungen, zu viele Komitees und zu viele Abendessen zu Ehren von irgend jemand. Einer Umfrage zufolge verbringt der durchschnittliche Geschäftsführer 30 Prozent seiner Zeit mit Aktivitäten außerhalb seines direkten Arbeitsumfeldes. 17 Stunden pro Woche verbringt er mit der Vorbereitung auf Sitzungen.

Da ein typischer Geschäfts- oder Abteilungsleiter 61 Stunden in der Woche arbeitet, bleiben ihm nur noch 20 Stunden für alles andere, darunter die Leitung des Betriebs und Besuche an der Front.

Kein Wunder, daß Betriebsleiter die Marketingaufgaben an andere delegieren. Das aber ist ein Fehler.

Marketing ist zu wichtig, um an einen Befehlsempfänger abgegeben zu werden. Wenn Sie schon etwas delegieren, dann den Vorsitz über die nächste Wohltätigkeitsveranstaltung. (Wie Sie vielleicht bemerkt haben, nimmt an Staatsbegräbnissen der Vizepräsident der Vereinigten Staaten teil und nicht der Präsident.)

Als nächstes sind Sitzungen zusammenzustreichen. Sehen Sie sich die Sache selbst an, statt lange darüber zu reden. Wie Generalsekretär Gorbatschow zu Präsident Reagan bei dessen erstem Besuch in der Sowjetunion sagte: „Etwas einmal zu sehen ist besser, als hundertmal darüber zu hören."

Sie müssen sich auf die Taktik der Schlacht konzentrieren, die Sie gewinnen wollen. Ihre Aufmerksamkeit muß auf die geistigen Stärken und Schwächen Ihrer Konkurrenten gerichtet sein. Suchen Sie nach dem Merkmal oder der Idee, die den Unterschied macht auf dem geistigen Schlachtfeld.

Als nächstes müssen Sie bereit sein, all Ihre Anstrengung auf die Entwicklung einer kohärenten Strategie zu richten, um diese Idee nutzen zu können.

Sie müssen auch zu Änderungen innerhalb der Organisation bereit sein, um Gelegenheiten ergreifen zu können, die sich außerhalb Ihres Betriebs bieten.

Und Sie müssen tatkräftig sein. Eine schwache Führungskraft erkennt man am Wort „sollte". Wenn ein geeigneter Vorschlag vorgetragen wird, sagt ein Möchtegernführer: „Das sollten wir machen." In der Regel werden Sie feststellen, daß ein „sollte" dem anderen folgt und wenig erledigt wird.

Eine wirkliche Führungspersönlichkeit verwendet nie das Wort „sollte". Seine Antwort auf einen guten Vorschlag lautet: „Das machen wir." Dann kommt die nächste Entscheidung dran.

FÜHRERSCHAFT

Die besten Führungskräfte teilen ihr Wissen mit der nächsten Generation. Noel Tichy, ein Professor an der Business School der Universität Michigan, sagt: „Großartige Führungskräfte sind auch herausragende Lehrer." Er vermutet, daß Jack Welch, der angesehene Aufsichtsratsvorsitzende und Generaldirektor von General Electric, 30 Prozent seiner Zeit der Nachwuchsförderung von Führungskräften widmet. (Welch lehrt sogar einmal pro Woche am Schulungsinstitut für Führungskräfte von General Electrics.) „So verschafft er sich Rückhalt innerhalb des Konzerns", glaubt Noel Tichy.

Generaldirektor Andy Grove lehrt persönlich im Rahmen des Orientierungsprogramms für Manager bei Intel Corp. Als Firmenchef Roger Enrico bei PepsiCo noch Stellvertreter war, verbrachte er über einen Zeitraum von 18 Monaten 110 Tage mit der Förderung von aussichtsreichen Führungskräften.

Die besten Unternehmensleiter wissen, daß es nicht mehr genügt, nur die Richtung vorzugeben. Die besten von ihnen sind Geschichtenerzähler, Cheerleader und Vermittler. Sie bekräftigen ihre Zielsetzung oder Vision mit Worten und Taten.

Im Bereich der zivilen Luftfahrt gibt es keinen besseren Firmenchef als Herb Kelleher, den Vorsitzenden von Southwest Airlines. Er ist der König der preisgünstigen Kurzstreckenflüge. Jahr für Jahr ist seine Firma auf der Liste der „meistbewunderten" und „rentabelsten" Unternehmen.

Wer schon einmal mit Southwest geflogen ist, hat wahrscheinlich den unglaublichen Esprit und Enthusiasmus der Angestellten bemerkt. Der Humor der Mitarbeiter, so sagte ein Fluggast, „macht Flüge sogar in solchen Viehwaggons angenehm".

Wer Herb kennt, weiß, daß die Persönlichkeit der Fluggesellschaft seine Persönlichkeit ist. Er kann unglaubliche Begeisterung wecken, so daß der Betrieb reibungslos abläuft und die Moral der Mitarbeiter gestärkt wird. Er geht im wahrsten Sinne des Wortes „hinter ihnen her".

Außerdem kennt er seine Leute und sein Geschäft. Während eines Treffens mit Herb versuchten wir, ihn dazu zu bringen, einen der East Coast Shuttles zu erwerben, die gerade zum Verkauf angeboten wurden. Das hätte Southwest augenblicklich Präsenz an der Ostküste verschafft.

Er überlegte einen Augenblick und sagte: „Die Abfertigungsschalter in New York, Washington und Boston hätte ich natürlich gern, aber die Flugzeuge und, vor allen Dingen, die Mitarbeiter will ich nicht haben."

Damit hatte er ganz sicher recht. Es wäre unmöglich gewesen, die Leute beim East Coast Shuttle zu begeistern.

Herb Kelleher verfügt über noch eine Eigenschaft, die charakteristisch ist für die besten Führungskräfte. Sie leben in gewisser Weise ihr Geschäft, sie personifizieren es. Zu den Glanzzeiten der Chase Manhattan Bank machte der Aufsichtsratsvorsitzende David Rockefeller jedes Mal Schlagzeilen, wenn er einfach nur ausländischen Staatschefs einen Besuch abstattete. Im Grunde genommen war er selbst auch ein Staatschef.

In seinen besten Tagen personifizierte Lee Iacocca Chrysler.

Bill Gates personifiziert heute Microsoft. Er sieht aus wie ein Computerfan. Er klingt wie ein Computerfan. Er lebt im Haus eines Computerfans.

Jeder kennt Mister Gates, doch kaum jemand Dino Cortopassi. Er ist der König der „echten italienischen Tomatensoße", die er an die etwa 60.000 echt italienischen Pizzerien und Restaurants in Amerika liefert.

Dino personifiziert mittlerweile „echt italienisch" – die Idee, die seine Produkte von anderen unterscheidet. Er lebt in einer italienischen Villa. Er stellt italienische Wurst her. Er hat einen Weinberg. Jedes Jahr besucht er seine Verwandten in Italien. Seinen wichtigsten Kunden schickt er Olivenöl, das seine Familie hergestellt hat. So wie Mister Gates die Softwarewelt beherrscht, dominiert Dino den Markt für frisch abgepackte Tomaten und Soßen.

Eine deutlich erkennbare Führungspersönlichkeit hat auf Kunden und potentielle Käufer eine große Wirkung. Sie verschafft einer Firma einzigartige Glaubwürdigkeit. (Die Deutschen hatten während des Zweiten Weltkriegs großen Respekt vor dem US-General George Patton, so daß die Alliierten ihn sogar in einem Ablenkungsmanöver nutzen konnten.)

Außerdem macht es die Truppen stolz, einem solchen Anführer in die Schlacht zu folgen. Sie vertrauen ihm instinktiv. Ohne Vertrauen gäbe es keine Gefolgsleute, und ohne diese könnten Sie wohl kaum einen Angriff führen.

EINFACHE ZUSAMMENFASSUNG

Gute Führungskräfte wissen, in welche Richtung sie gehen.

KAPITEL 13

Langfristige Planung

Es handelt sich um reines Wunschdenken

Wer glaubt, im Geschäftsleben ginge es um Fakten statt um Fiktion, hat noch nie einen alten Fünfjahresplan gelesen.

Malcolm Forbes

Langfristige strategische Planung ist sinnlos, wenn Sie nicht auch die Pläne für Ihre Konkurrenten erstellen. Trotzdem glauben viele Firmenchefs, komplizierte langfristige Pläne seien unerläßlich, wenn ein Unternehmen seine Ziele umsetzen will.

Wenn Shakespeare als Unternehmensleiter wiedergeboren würde, käme er in Versuchung, die Langfriststrategen seiner Firma zusammen mit ihren Anwälten umzubringen. Genug Munition hätte er dafür. Langfristige Planung verschaffte Xerox keine Rolle in der Automatisierung von Büromaschinen. Langfristige Planung bewahrte General Motors nicht davor, in den vergangenen 20 Jahren 15 Prozent des Automobilmarktes einzubüßen.

Alles begann eigentlich Anfang der 60er Jahre, als General Electric als Pionier der strategischen Planung auftrat. Die Firma richtete einen großen, zentralisierten Stab von Planern ein, die über die Zukunft nachgrübeln sollten. Die Consultantgruppe McKinsey & Co. half GE, die Produkte unter dem Blickwinkel strategischer Unternehmenseinheiten zu betrachten, die entsprechenden Konkurrenten auszumachen und im Vergleich mit diesen die eigene Position einzuschätzen.

Richtig in Fahrt kam die langfristige Planung 1963. Die Boston Consulting Group wurde unter Firmengründer Bruce D. Henderson zur ersten von vielen neuen Strategieboutiquen. BCG entwickelte eine Reihe von Konzepten, die die Unternehmenswelt Amerikas im Sturm eroberten, darunter die „Erfahrungskurve" und die „Wachstums- und Marktanteils-Matrix".

Im Kreis der erleuchteten Langfriststrategen wird heute über „strategische Intention", „White-space-Möglichkeiten" und „Co-Evolution" debattiert. Sollte Ihnen das Konzept der „Co-Evolution" bisher entgangen sein: Es geht um „unternehmerische Ökosysteme, in denen sich Unternehmen sowohl kooperativ als auch kompetitiv zu einander verhalten, um die nächste Innovationsrunde herbeizuführen. (Das klingt unserer Meinung nach ziemlich ballaballa.)

All dies stammt aus einem Buch mit dem Titel *Das Ende des Wettbewerbs* (*„The Death of Competition"*). Bleibt die Frage: Wenn die Konkurrenz tot ist, wer sind dann diese Leute, die einem das Geschäft abjagen wollen?

Abgesehen von all diesem Unsinn liegt der entscheidende Fehler der langfristigen Planung darin, daß die Zukunft nicht vorhersehbar ist. Die Geschichte wimmelt von kühnen Vorhersagen, die nicht eingetroffen sind. Hier ein paar Beispiele:

- „Flugzeuge sind interessant, haben aber keinerlei militärischen Wert." Marschall Ferdinand Foch, französischer Militärstratege, 1911.

- „Das Reitpferd wird es immer geben, doch das Automobil ist lediglich eine vorübergehende Modeerscheinung." Der Präsident der Michigan Savings Bank, 1903, als er dem Anwalt Henry Fords riet, nicht in die Ford Motor Company zu investieren.

- „Was soll diese Firma mit einem elektrischen Spielzeug anfangen?" Der Präsident der Western Union, William

Orton, als er Alexander Graham Bells Angebot zurückwies, Bells in Finanznöte geratene Telefongesellschaft für 100.000 Dollar zu übernehmen.

- „Wer, zum Teufel, will denn Schauspieler sprechen hören?" Harry Warner, Warner Brothers, 1927.
- „Der Sound gefällt uns nicht. Gitarrenbands sind auf dem absteigenden Ast." Die Begründung von Decca Records aus dem Jahr 1962, warum sie die Beatles nicht unter Vertrag nehmen wollten.
- „Es gibt keinen Grund, weshalb jemand einen Computer bei sich zu Hause haben sollte." Kenneth Olsen, Gründer und Präsident von Digital Equipment, 1977.

Im Hinblick auf zukünftige Ereignisse können wir nur Trends ausmachen. Das wachsende Gesundheitsbewußtsein in Amerika ist sicher ein Trend, von dem viele Produkte profitiert haben.

Auch der zunehmende Zeitmangel in Amerika ist zu einem Trend geworden. Viele berufstätige Ehepaare scheinen nicht einmal mehr Zeit zu haben, um zur Reinigung zu gehen. Das machte Unternehmen wie die „Pendlerreinigung" möglich, die die Wäsche direkt am Bahnhof abholen und dorthin zurückbringen. (Gute Idee.)

Aber es kann schwierig sein, Trends auszumachen. Die meisten Fehler unterlaufen bei der Vorhersage der Weiterentwicklung eines Trends. Wären die Vorhersagen über den zukünftigen Absatz von Rindfleisch eingetroffen, müßte heute jedermann gegrillten Fisch oder Hühnerspieße essen. Der Absatz von Rindfleisch ist jedoch gestiegen (ebenso wie der von Zigarren). Fundamentale Gewohnheiten ändern sich sehr langsam, und kleinste Änderungen werden in der Presse häufig übertrieben dargestellt.

Ebenso unangebracht wie die übertriebene Erwartung für die Weiterentwicklung eines Trends ist die häufige Annahme, die Zukunft sei lediglich eine Wiederholung der Vergangenheit. Wenn wir annehmen, es werde sich nichts ändern, treffen wir eine ebenso konkrete Vorhersage der Zukunft, als sagten wir eine Änderung voraus. Denken Sie daran, daß immer das Unerwartete eintritt.

„Futurismus" ist selbst zu einer Branche geworden. Futuristen verdienen an der Zukunft.

Alles begann mit Leuten wie H. G. Wells, Jules Verne und George Orwell, die praktizierende Futuristen im Gewand von Science-Fiction-Autoren waren. Heute ist die Sache allerdings todernst geworden. Alvin Toffler, berühmt durch *„Future Shock"*, plant nun sogar eine allabendliche Fernsehreihe mit dem Namen *„Next News Now"*. „Es gibt einen Geschichts-Fernsehkanal", sagt Mister Toffler, „aber keinen Zukunftssender. Diesen Mißstand wollen wir beheben."

Haben wir es hier mit wirklich visionärer Kraft zu tun oder einfach nur mit schlichten, althergebrachten Vorhersagen? Paul Saffo vom Institute for the Future gibt folgende großartig klingende Antwort: „Meine Aufgabe besteht darin, den Kunden dabei zu helfen, ihren Wahrnehmungshorizont für Chancen zu erweitern."

Selbst einige Futuristen fühlen sich nicht mehr ganz wohl mit dem berufsmäßigen Prognostizieren. „Futurismus ist nicht mehr mit Vorhersage gleichzusetzen", sagt Douglas Rushkoff, Autor des Pop-Chronicles *„Cyberia"*. „Es ist moderne Propaganda, das Erschaffen von Zukunft. Die Futuristen schüchtern ihre Kunden ein, um ihnen dann zu erklären, sie verfügten über das Geheimwissen für ihre Rettung."

Ähnlich gelagert wie bei der Vorhersage der Zukunft sind die Schwierigkeiten beim Versuch, die Zukunft zu erforschen.

Vor nicht allzu vielen Jahren gab es Faxgeräte nur in einigen großen Büros. Heute gibt es sie überall, und zunehmend findet man sie nun auch außerhalb der Bürowelt in Privatwohnungen. Die Erfindung, Technologie, Gestaltung und Entwicklung der Faxmaschine ist amerikanisch, und US-Hersteller hatten solche Geräte verkaufsfertig auf Lager. Dennoch ist heute kein einziges Faxgerät, das in Amerika verkauft wird, in den USA hergestellt.

Die Amerikaner brachten das Fax nicht auf den Markt, weil Marktuntersuchungen sie davon überzeugten, es gäbe keine Nachfrage für ein solches Gerät. Obwohl allgemein bekannt ist, daß man keine Marktforschung über Produkte anstellen kann, die nicht auf dem Markt sind, fragten die Forscher Menschen auf der Straße: „Würden Sie sich ein Zusatzgerät zum Telefon kaufen, das ab 1.500 Dollar zu haben ist und Sie in die Lage versetzt, einen Brief für einen Dollar pro Seite zu versenden, für dessen Beförderung die Post 25 Cents verlangen würde?" Die vorhersehbare Antwort lautete „nein".

Sinnvoller für die Planung wäre, den Prozeß etwas einfacher zu gestalten. Wir stellen uns eine bessere und einfachere Planungsmethode folgendermaßen vor:

1. Teilen Sie Ihren Mitarbeitern mit, daß die Vorhersage der Zukunft eine Selbsttäuschung ist und qualvoll detaillierte „strategische Szenarien" reine Zeitverschwendung.

2. Informieren Sie jedermann darüber, daß der wirkliche Wert strategischer Planung darin liegt, Ihrem Unternehmen eine Richtung zu weisen und Mittel bereitzustellen, um der Konkurrenz gegenüber Fortschritte zu erzielen.

3. Weisen Sie Ihr Planungspersonal an, sich mit der Betriebsleitung jedes Geschäftsbereichs zusammenzusetzen und diese richtungweisenden Annahmen unter unterschiedlichen wirtschaftlichen Voraussetzungen zu erörtern.

4. Machen Sie deutlich, daß Sie nach einem „Flugplan" für die zukünftige Richtung der Firma suchen, der einfacher und weniger ausgefallen ist als herkömmliche formale Planungen.

Bei kleineren Unternehmen scheint all dies kaum Schwierigkeiten zu bereiten, denn sie haben ganz einfach keine Armee von Planern, die kiloschwere Planungsbücher verfassen.

Das *Wall Street Journal* berichtete über Bill Long, den Generaldirektor von Waremont Foods, einer Firma mit 25 Lebensmittelgeschäften zwischen Salem, Oregon, und Idaho Falls (16). Seit unter Longs Führung 1985 ein Management-Buy-Out stattfand, stieg der Nettowert des Unternehmens um 1.500 Prozent auf 215 Millionen Dollar.

Wenn Sie Bill Long nach seinen Plänen für die kommenden fünf Jahre fragen wollen, sollten Sie sich auf eine Schimpfkanonade einstellen. „Wie, zum Teufel, soll ich das wissen?" bellt er. „Sagen Sie mir, wo meine Kunden in fünf Jahren sein werden, oder meine Konkurrenz, mein Kapital, meine Lieferanten."

Fragen Sie ihn nach seinem strategischen Plan, und die Reaktion ist dieselbe. „Niedergeschriebene Strategien sind

Wahnsinn", sagt er. „Statt Strategien zu entwickeln, muß man sofortige Entscheidungen treffen."

Er ist ein Mann nach unserem Geschmack.

Vielleicht fragen Sie sich, was aus General Electric geworden ist, dem Unternehmen, mit dem alles anfing. Es mag Sie überraschen, daß GE die langfristige Planung aufgegeben hat. Jack Welch hat die zentrale Planungseinheit aufgelöst und ihren Verantwortungsbereich den 12 Betriebseinheiten übertragen. Diese kommen während eines viertägigen Treffens mit der Betriebsleitung zusammen, bei dem die Strategie sowohl für die unmittelbare Zukunft als auch für die kommenden vier Jahre betrachtet wird. Außerdem werden neue Produkte untersucht und die Aktivitäten der Konkurrenz. Gebundene Berichte gibt es nicht mehr.

Jack Welch ist ebenfalls ein Mann nach unserem Geschmack.

EINFACHE ZUSAMMENFASSUNG

Wunschdenken gehört in die Welt der Märchen. Sie haben es mit der Wirklichkeit zu tun.

KAPITEL 14

Organisation
Je einfacher, desto besser

Wir sind dem Feind begegnet – uns selbst.

Pogo

Eine gute Organisation fördert strategisch korrektes Verhalten. Unglücklicherweise werden große Organisationen häufig so komplex, daß der eine Teil zunichte macht, was der andere erreicht hat.

Während der Arbeit für eine große Telekommunikationsfirma entdeckten wir, daß das Unternehmen eine Methode entwickelt hatte, die es erlaubte, jede Unterbrechung des Netzwerks zu umgehen. Dieses kostspielige „Selbstreparatur"-System leitete Gespräche innerhalb von Minuten um die unterbrochenen Leitungen herum. Dieses System wollten wir als die Idee herausstellen, die das Unternehmen von anderen absetzte, doch wir mußten feststellen, daß eine andere Abteilung die Technologie an die Konkurrenz verkauft hatte.

Es genügt nicht, die beste Strategie zu haben oder das beste Finanzsystem oder einen Unternehmensteil von Weltklasse, wenn nicht alle Teile sinnvoll zusammenarbeiten.

Peter Drucker hat, unserer Meinung nach, die beste und einfachste Analogie gefunden, als er Organisationen mit einem großen Symphonieorchester verglich. Sie könnten jedoch nicht, so warnte Drucker, wie ein Großunternehmen organisiert werden, denn das hätte zur Folge, daß es Hauptdirigenten, mehrere stellvertretende Dirigenten und unzählige Abteilungsleiterdirigenten gäbe.

Es muß einen Dirigenten geben, dem jeder spezialisierte Musiker folgt, denn allen liegen ja dieselben Noten vor. Es gibt, mit anderen Worten, keine Vermittler zwischen den Spezialisten und dem Unternehmensleiter. Alle sind in einer riesigen Arbeitsgruppe organisiert. Die Betriebsorganisation selbst ist völlig flach. Das Schöne an dieser Methode ist, daß es das starre, hierarchische Organisationsschema überflüssig macht.

Robert Townsend entwickelte in seinem brillanten Buch *„Up the Organization"* von 1970 ganz ähnliche Vorstellungen von wirksamer Organisation. Nur die Musikinstrumente kamen bei ihm nicht vor. „Gute Organisationen sind lebende Körper", schrieb Townsend, „denen neue Muskeln wachsen, wenn sie gefordert sind. Ein Schema demoralisiert die Mitarbeiter, denn niemand möchte einem anderen untergeordnet werden. In einer guten Organisation ist das auch nicht der Fall, doch auf dem Papier wird es so dargestellt. Wenn Sie schon etwas in Umlauf bringen müssen, vermeiden Sie das Diagramm mit den Namen der Mitarbeiter in Kästchen und verwenden Sie statt dessen eine Loseblattsammlung, um die Organisation darzustellen. Folgen Sie, wenn möglich, der alphabetischen Reihenfolge der Namen der Mitarbeiter bzw. ihrer Aufgaben."

Entscheidend bei einer guten Organisation ist jedoch, daß sich jeder auf dasselbe Notenblatt konzentriert.

Der Grund für den mangelnden Erfolg großer Mischkonzerne ist, daß zu viele Orchester in derselben Konzerthalle spielen, und zwar unterschiedliche Musikstücke.

Bei heutigen Firmenfusionen geht es nicht mehr um die Schaffung von Konglomeraten, sondern darum, Marktführer zu werden.

Genau aus diesem Grunde verkaufte Westinghouse die Energie- und Rüstungsteile des Unternehmens und expandierte in den Rundfunkbereich. Westinghouse Electric Corp. heißt heute CBS Corp. Michael Jordan, der geschäftsführende Direktor und Dirigent dieses neuen Orchesters kann sich ganz auf Fernsehen und Radio konzentrieren, wo das Unternehmen in einer dominanten Position ist.

Westinghouse ist einer der großen alten amerikanischen Namen, aber noch so tiefe nostalgische Empfindungen vermögen nicht, die harte Realität der Überschußkapazitäten zu mindern, die heute so viele Branchen von Stahl über Chemieprodukte, Ölraffinerie, Kraftfahrzeugfertigung, Halbleiterproduktion hin zu Teilen des Einzelhandels heimsucht. Wenn diese Überkapazitäten im kommenden Jahr weiter anwachsen, wie einige Beobachter befürchten, könnte es zu einer noch größeren Welle von Preissenkungen, abnehmenden Profiten und Übernahmen schwächerer Unternehmen durch starke Konkurrenten kommen.

Viele Firmenleitungen stehen vor der Entscheidung zu kaufen, zu verkaufen oder beides zu tun. Doch sie zögern offensichtlich, eine Entscheidung zu treffen und sich auf einen Geschäftsbereich zu konzentrieren. Ganz im Gegensatz zu Mister Jordan.

In der heutigen wettbewerbsintensiven Weltwirtschaft ist es zu schwierig, zu viele unterschiedliche Arten von Musik zu spielen. Viele Unternehmen straffen daher ihre komplexe Struktur und kehren zu einer einfacheren Melodie zurück, von der sie wissen, daß sie sie gut spielen können.

- Eastman Kodak verkaufte die Arzneimittelabteilung Sterling Winthrop sowie zwei weitere Unternehmensbereiche, um sich auf das Kerngeschäft Fotografie zu konzentrieren.

- Sears löste sich von Allstate, Dean Witter und Caldwell Banker, um sich auf das Einzelhandelsgeschäft zu konzentrieren.

- Merck hat praktisch sämtliche Unternehmungen aufgegeben, die nichts mit Arzneimitteln zu tun haben.

- Guinness PLC hat sich von allem befreit, was nichts mit Bier und Schnaps zu tun hat.

- Union Carbide verkaufte alles außer dem Kerngeschäft der Firma und entließ 90 Prozent der Mitarbeiter.

Es gibt zwei Möglichkeiten, ihr Orchester zu organisieren.

Größere Firmen können mit unterschiedlichen Orchestern vor spezialisiertem Publikum spielen. Sie verfolgen also eine Strategie mit mehreren Produktmarken, um sich auf Veränderungen im Markt einstellen zu können. Hallmark ist der Marktführer im Bereich der „Grußkarten". Die Firma unterhält ihre klassische Hallmarkreihe, die Ambassadorreihe für Diskontläden, Pet Love für Haustierbesitzer und Shoebox für humoristische Karten. Beide Marken zusammen machen fast die Hälfte des Marktes aus.

Vendome Luxury Group führt mit mehreren Orchestern das Stück „Luxusartikel" auf. Zu den Marken der Firma gehören Schmuck von Cartier, Herrenartikel von Alfred Dunhill, Füllfederhalter von Montblanc, Uhren von Piaget und Baume & Mercier und einige andere Marken.

Kleinere Unternehmen, die in nur einer Produktgruppe aktiv sind, spielen mit einem spezialisierten Orchester. Volvo spielt „Sicherheit". Snap-on spielt „Werkzeuge". H&R Block spielt „Steuererklärung". Sun spielt „Arbeitsplatzstationen und Server", die unter dem Betriebssystem UNIX laufen.

Nur eine einzige Art von Musik zu spielen ist nicht nur einfacher, es kann auch große Umsatzzahlen ermöglichen.

- Wrigley's spielt „Kaugummi" bei 37 Prozent Kapitalrendite.

- Intel spielt „Mikrochips" bei 20 Prozent Wachstumsrate während der vergangenen 10 Jahre.

- CompUSA spielt „Computerhandel" mit einem Jahresumsatz von 3 Milliarden Dollar.

- Callaway ist mit „Golfschlägern in Übergröße" zum größten Hersteller in den USA geworden.

Diese Art von Konzentration trägt auch der Tatsache Rechnung, daß es die meisten von uns schwierig genug finden, eine Sache innerhalb einer bestimmten Frist gut zu machen, ganz zu schweigen von zwei gleichzeitigen Aktivitäten. Menschen sind in der Lage, eine unglaubliche Zahl von unterschiedlichen Dingen zu tun. Die Menschheit ist ein „Mehrzweckwerkzeug". Doch produktiv genutzt, wird diese Fülle am besten, indem die große Zahl von unterschiedlichen Fähigkeiten auf eine Aufgabe konzentriert wird. In dieser Konzentration werden sämtliche Fertigkeiten auf ein Ziel gerichtet.

Zu Recht betrachten wir das Spiel mit mehreren Bällen als eine Zirkusnummer. Doch selbst der Jongleur tut dies nur zehn Minuten lang, denn andernfalls würde er die Bälle schnell fallen lassen.

Zum Schluß noch ein paar Bemerkungen zur Dezentralisierung. Hier ordnet das Unternehmen, um beim Bild vom Orchester zu bleiben, verschiedenen Dirigenten bestimmte Musikergruppen zu.

Allgemein wird Dezentralisierung für eine gute Sache gehalten, weil sie einen dichter an den Markt heranführt. Wir halten Dezentralisierung für schlecht. Sie spaltet Ihre Kräfte, macht alles komplizierter, und es wird schwieriger, die Dinge in eine Richtung zu konzentrieren.

Dicht am Markt zu sein ist kein Vorteil, wenn Sie nicht über die Organisation verfügen, die Ihnen kühne Schritte ermöglicht. Sehen Sie sich ITT an. Die Firma ist zu einem nicht mehr lenkbaren, komplexen Durcheinander geworden. Die meisten Unternehmen, die unter Harold Geneen übernommen wurden, werden nun veräußert. Aber das wahre Problem liegt im Kerngeschäft von ITT, dem Bereich Telekommunikation. Im augenblicklichen Entwicklungsstadium müßte ITT eigentlich in derselben Liga sein wie IBM und AT&T.

Nun hat ITT im Bereich der Telekommunikation auch noch das Handtuch geworfen und die Perle in der Krone von ITT verkauft. Heute besitzt der französische Staatsbetrieb Compagnie Générale d'Électricité den Telekommunikationszweig von ITT.

Mein früherer Partner Al Ries bringt Dezentralisierung in seinem Buch *„Focus"* auf den Punkt:

„Wenn sich niemals etwas ändern würde, wäre eine dezentralisierte Firma effizienter als eine zentralisierte. Zweifellos fördert Dezentralisierung das Verantwortungsbewußtsein des Managements der Betriebseinheiten ebenso wie dasjenige der Mitarbeiter. Aber wie soll ein dezentralisiertes Unternehmen einen Schwerpunkt entwickeln? Es kann es nicht. Dezentralisierung macht es der Unternehmensleitung unmöglich, die Firma in eine bestimmte Richtung zu lenken und diese Richtung zu ändern, wenn sich die Marktbedingungen ändern. Dezentralisierung ist effizient, aber unflexibel."

Es ist besser, ein ineffizientes, aber zentralisiertes Unternehmen zu führen, das einen deutlichen Schwerpunkt am Markt hat und eine neue Melodie einführen kann, wenn dies notwendig sein sollte. Mitarbeiter sind lieber bei einem Gewinner als bei einem Verlierer beschäftigt, egal wieviel Motivation die Betriebsleitung des Verlierers erzeugt.

Digital Equipment ist ein Unternehmen, das seinen Dezentralisierungsversuchen zum Opfer gefallen ist. Im Rahmen eines umfassenden Umstrukturierungsplans reorganisierte sich das Unternehmen in halbautonome Betriebseinheiten mit eigenen Werbeetats, Preispolitik und Marketingstrategien. Während Digital dezentralisierte, konnte die Firma beobachten, wie ihre Führungsrolle im Bereich der 64-Bit-Workstations verschwand. Mittlerweile ist das Unternehmen selbst im Begriff zu verschwinden, weil es nun Compaq gehört.

Ein dezentralisiertes Unternehmen kann sich, beinahe definitionsgemäß, nicht auf eine geeignete Strategie konzentrieren. Es dient lediglich als Zentrum für die Akkumulation von finanziellen Resultaten und deren Verteilung auf Investoren und Analysten. Vor allen Dingen fehlt es einem dezentralisierten Unternehmen an der Möglichkeit, Konzepte der nächsten Generation aufzugreifen und zu dominieren, um sie sich zunutze zu machen.

Jeder schwärmt von 3M als einem erfolgreich dezentralisierten Unternehmen. Die Firma bringt weiterhin eine Unmenge von neuen Produkten auf den Markt (bei der letzten Zählung waren es 66.000), doch es scheint an revolutionären neuen Produkten zu fehlen, die die Firma zu neuen Erfolgen führen könnten. Der letzte große Erfolg waren selbstklebende Notizzettel. Das Produkt war 1980 auf den Markt gekommen.

DIE MACHT DES EINFACHEN

Der Umsatz von Minnesota Mining and Manufacturing ist seit 1988 um 33 Prozent gestiegen, doch die Gewinne haben sich nicht in gleicher Weise entwickelt. Angesichts seiner Dezentralisierung kann 3M in seinen Labors nur zu leicht eine großartige Idee verpassen.

Das Unternehmen ist einfach zu kompliziert. Es gibt zu viele Leute, die in unterschiedliche Richtungen laufen. Es gibt keine klare strategische Ausrichtung oder Konzentration.

Es erklingen keine Melodien, sondern lediglich Geräusche.

EINFACHE ZUSAMMENFASSUNG

Die Zukunft gehört einem gutorganisierten und eindeutig ausgerichteten Unternehmen.

KAPITEL 15

Marketing

Einfache Ideen
in eine Strategie verwandeln

Marketing ist das Allerwichtigste. Daher sollten sich der Chef und seine Mitarbeiter darum kümmern und nicht irgendwelche Störenfriede aus den hinteren Reihen.

Robert Townsend
„Up the Organization"

Wenn der Generaldirektor die Symphonie dirigiert, dann ist es Aufgabe des Marketings, die Musik zu arrangieren.

Unmengen ist von Gelehrten über die Komplexität des Marketings und all seine Funktionen geschrieben worden. Werbeagenturen und Consultingfirmen haben verschlungene Systeme für den Aufbau von Produktmarken konstruiert. Eines der schönsten Beispiele für Komplexität stammt von einer britischen Consultingfirma, die behauptet, daß eine Marke im Bewußtsein des Kunden neun positionierende Aspekte aufweist: funktionale Bedürfnisse, objektive Effekte, funktionale Rollen, Eigenschaften, zentrale Beurteilungskriterien, psychologische Antriebe, psychologische Rollen, subjektiver Charakter und psychologische Bedürfnisse. Diese Elemente verwandelte die Firma dann in ihre „Brückenmatrix".

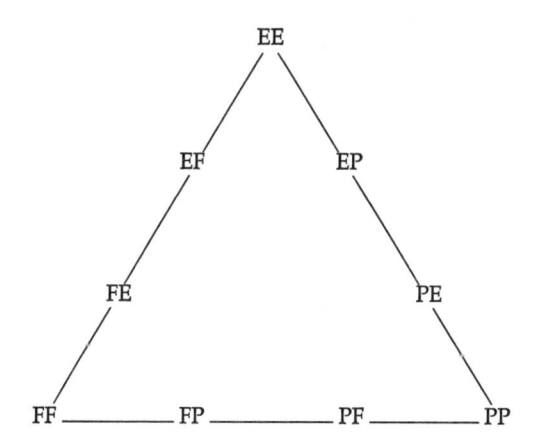

```
                EE
              /    \
           EF        EP
          /            \
        FE              PE
       /                  \
     FF ____ FP ____ PF ____ PP
```

(Hilfe, ich sitze auf einer Brücke nach nirgendwo fest.)

Ein weiteres Beispiel für Komplexität ist das folgende Modell, das irgendeine Agentur zu verbreiten versucht.

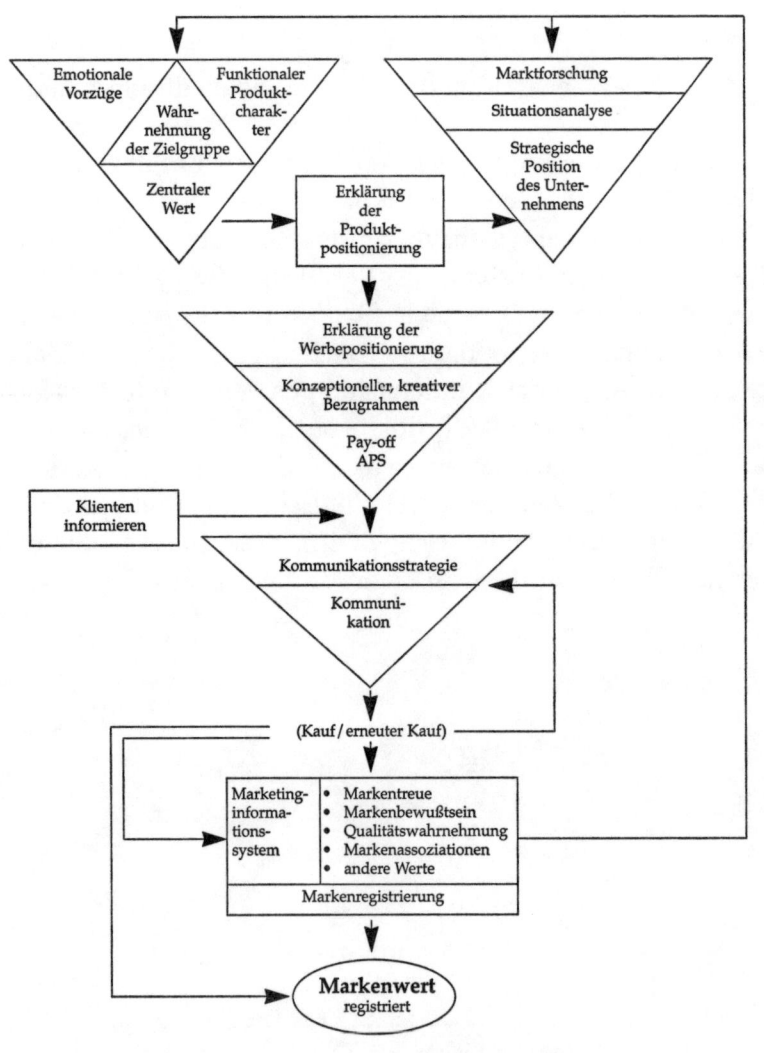

```
                    Emotionale   Funktionaler            Marktforschung
                    Vorzüge      Produkt-
                           Wahr- charak-                  Situationsanalyse
                           nehmung ter
                           der Zielgruppe                 Strategische
                                                          Position
                    Zentraler        Erklärung            des Unter-
                    Wert             der                  nehmens
                                     Produkt-
                                     positionierung

                              Erklärung der
                              Werbepositionierung

                              Konzeptioneller, kreativer
                              Bezugrahmen

                              Pay-off
                              APS

    Klienten
    informieren
                              Kommunikationsstrategie

                              Kommuni-
                              kation

                              (Kauf / erneuter Kauf)

            Marketing-  • Markentreue
            informa-    • Markenbewußtsein
            tions-      • Qualitätswahrnehmung
            system      • Markenassoziationen
                        • andere Werte
                              Markenregistrierung

                              Markenwert
                              registriert
```

(Hilfe, ich sitze in einem Marketinglabyrinth fest.)

Das Wesen des Marketings kann in zwei Sätzen ausgedrückt werden: Erstens ist die Marketingabteilung dafür verantwortlich, daß alle dieselbe Melodie spielen. Zweitens ist es Aufgabe des Marketings, diese Melodie oder differenzierende Idee in eine kohärente Marketingausrichtung zu verwandeln.

Der Begriff der differenzierenden Idee bedarf einiger Überlegungen. Um was für eine Art von Idee handelt es sich? Wo bekommt man sie her? Dies sind die ersten Fragen, die beantwortet werden müssen.

Um die Antworten auf diese Fragen zu finden, schlagen wir Ihnen vor, die folgende Definition zu verwenden: Eine differenzierende Idee ist ein *wettbewerbsorientierter, geistiger Blickwinkel*.

Die Idee muß *wettbewerbsorientiert* sein, um Aussicht auf Erfolg zu haben. Dabei müssen Produkt oder Dienstleistung nicht unbedingt besser sein, sondern sie müssen ein differenzierendes Element aufweisen. Es könnte kleiner, größer, leichter, schwerer, billiger oder teurer sein. Es könnte auch ein anderes Vertriebssystem haben.

Darüber hinaus muß die Idee in der gesamten Marketingarena wettbewerbsfähig sein und nicht nur im Verhältnis zu ein oder zwei anderen Produkten oder Dienstleistungen. Volkswagens Entscheidung, in den 50er Jahren den „ersten" Kleinwagen einzuführen, war eine ausgezeichnete Wettbewerbsidee. General Motors fertigte zu der Zeit nichts außer großen, schwer verchromten Patrouillenbooten. Der Käfer wurde daher zu einem enormen Erfolg.

Natürlich war der VW-Käfer nicht der erste Kleinwagen am Markt. Es war jedoch der erste Wagen, der im Kopf der Autofahrer die Position „klein" einnahm. Beim Käfer wurde aus der geringen Größe eine Tugend gemacht, während sich andere Automobilunternehmen für ihre kleineren Wagen entschuldigten und etwas von „platzsparend" erzählten.

„Think small", lautete das Motto der VW-Werbekampagne in den USA.

Ein Beispiel für eine schlechte Idee sind das Sportcoupé und der Cabrio von Volvo. Hier können wir gegenüber BMW, Mercedes und Audi (um nur einige zu nennen) keinen wettbewerbsorientierten Blickwinkel erkennen.

Zweitens muß eine differenzierende Idee schon als geistiges Konzept einen wettbewerbsorientierten Aspekt haben. Mit anderen Worten, die Schlacht wird im Kopf des potentiellen Käufers geschlagen.

Konkurrenten, die nicht das Bewußtsein des Kunden ansprechen, spielen keine Rolle. Es gab jede Menge Pizzerien, die nach Hause lieferten, als John Schnatter Papa John eröffnete. Aber keine andere Firma nahm in den Köpfen die Position „bessere Zutaten" ein.

Andererseits gibt es aber auch Anbieter, die deutlich wahrgenommen werden, aber diese Wahrnehmungen entsprechen nicht der Realität. Bei der Entscheidung für eine bestimmte Idee muß die Wahrnehmung betrachtet werden, nicht die Realität.

Ein wettbewerbsorientierter, geistiger Aspekt zielt auf den Punkt im Bewußtsein des Kunden, der Ihrem Marketingprogramm zum Erfolg verhilft. An diesem Punkt müssen Sie ansetzen, um gute Ergebnisse zu erreichen.

Eine Idee allein ist jedoch nicht genug. Um den Prozeß zu vervollständigen, muß die Idee in eine Strategie verwandelt werden. (Wenn die Idee ein Nagel ist, ist die Strategie der Hammer.) Beides wird benötigt, um eine geistige Position einnehmen zu können.

Was ist eine Strategie? Eine Strategie ist kein Ziel. Wie das Leben selbst sollte sich eine Strategie auf die Reise konzentrieren, nicht auf das Ziel. Wer von oben nach unten denkt ist zielorientiert. Er legt zunächst fest, was er erreichen will, und versucht dann, sich Mittel und Wege zu verschaffen, um seine Ziele zu erreichen. (Darüber mehr in Kapitel 17.)

Die meisten Ziele sind jedoch gar nicht erreichbar. Das Formulieren von Zielsetzungen endet daher meist in Enttäuschung. Marketing ist, wie die Politik, die Kunst des Machbaren.

Als Roger Smith 1981 die Konzernleitung von General Motors übernahm, sagte er voraus, der Firma würden schließlich 70 Prozent des traditionellen Automarktes der drei größten Autokonzerne in den USA – Ford, GM und Chrysler – gehören. 1979 waren es noch 66 Prozent. Um sich auf diese überwältigende Aufgabe vorzubereiten, begann GM mit einem 50-Milliarden-Dollar-Modernisierungsprogramm. Junge, lag Roger falsch!

General Motors' Anteil am inländischen Big-Three-Markt liegt gegenwärtig bei 30 Prozent und fällt weiter. Das Ziel war einfach nicht erreichbar, weil es auf keiner durchdachten Idee basierte.

In unserer Definition ist eine Strategie keine Zielsetzung, sondern eine kohärente Marketingausrichtung. Kohärent ist eine Strategie in dem Sinne, daß sie sich auf die ausgewählte Idee konzentriert. Volkswagen hatte einen großen strategischen Erfolg mit dem Kleinwagen, aber es gelang der Firma nicht, diese Idee zu einer kohärenten Strategie zu erheben. Man kümmerte sich nicht mehr um „klein" und brachte statt dessen große, schnelle und teure Volkswagen auf den US-Markt. Doch diese Idee hatten bereits andere Kraftfahrzeughersteller besetzt. Letztlich ermöglichte man den Japanern, die Kleinwagenidee zu übernehmen.

Zweitens umfaßt eine Strategie kohärente Marketingaktivitäten. Produkt, Preis, Vertrieb, Werbung – all diese zum Marketing gehörenden Aktivitäten müssen kohärent auf die Idee ausgerichtet werden. (Stellen Sie sich die differenzierende Idee als eine bestimmte Lichtwellenlänge vor und die Strategie als einen Laser, der auf diese Wellenlänge ausgerichtet ist. Sie brauchen beides, um in den Kopf des Kunden eindringen zu können.)

Und schließlich ist eine Strategie eine kohärente Marketingrichtung. Ist die Strategie einmal entwickelt, sollte die Richtung nicht mehr geändert werden.

Zweck der Strategie ist die Mobilisierung Ihrer Ressourcen für die Umsetzung der differenzierenden Idee. Indem Sie all Ihre Ressourcen in einer strategischen Richtung einsetzen, ziehen Sie maximalen Nutzen aus der Idee, und zwar ohne die Beschränkungen, die vorgefaßte Zielsetzungen mit sich bringen.

Wonach suchen Sie? Sie suchen nach einem bestimmten Blickwinkel – einer Tatsache, einer Idee, einem Konzept, einer Auffassung Ihrer potentiellen Käufer, die mit der Position Ihrer Konkurrenz nicht übereinstimmt.

Nehmen wir Waschmittel als Beispiel. Wonach suchen die Kunden der Waschmittelwerbung zufolge? Sauberkeit. Aus diesem Grunde macht Tide die Wäsche „weiß". Cheer macht Sie „weißer als weiß", und Bold geht auch noch den letzten Schritt zu „leuchtend".

Haben Sie jemals jemanden beobachtet, der Wäsche aus der Waschmaschine nimmt? Glaubt man der Werbung, müßte er oder sie eine Sonnenbrille aufsetzen, damit das Strahlen nicht den Augen schadet.

In Wirklichkeit sehen sich die meisten Menschen die Wäsche kaum an. Aber fast immer riechen sie daran, um festzustellen, ob sie „frisch" ist. Diese Beobachtung veranlaßte Unilever, Surf auf den Markt zu bringen, ein Waschmittel, das sich einzig und allein dadurch von anderen unterscheidet, daß es doppelt soviel Duftstoff enthält wie die Konkurrenzprodukte. Ergebnis: Surf griff sich den ansehnlichen Anteil von 3,5 Milliarden Dollar am Waschmittelumsatz in den USA.

Haben Sie schon mal einen Pendler beobachtet, der sich für die Bus- oder Zugreise einen Becher Kaffee kauft. Häufig bohrt der Reisende vorsichtig ein Loch in den Deckel, damit der Kaffee durch das Rütteln während der Fahrt nicht verschüttet wird.

Dies fiel jemandem in der Handi-Kup-Abteilung von Dixie Products auf, und Handi-Kup brachte einen Plastikdeckel mit einer Trinköffnung heraus.

Einige Aspekte sind schwer zu finden, weil die Kunden sich in der Negativform ausdrücken. Bier mit geringem Alkoholgehalt wurde von Adolph Coors Company erfunden. (Noch heute hat normales Coors weniger Kalorien als Michelob Light.) Doch Coors ignorierte seine eigene Entdeckung, bis Miller sein Lite einführte.

Diese Entwicklung war schwer zu übersehen. Bevor Lite das Licht der Welt erblickte, hätte einem jeder Kneipwirt in Colorado sagen können, wie die Gäste ein Coors bestellten. „Ein Colorado Kool-Aid, bitte."

Coors hätte die Produktkategorie Light-Bier mit einer Werbekampagne vorwegnehmen können. Das tat die Firma nicht. Miller hingegen tat es. Also wurde Miller Lite das erste erfolgreiche Bier mit geringem Alkoholgehalt.

Die meisten neuen Aspekte sind schwer auszumachen, weil sie fast nie große Erfolge versprechen. (Täten sie das, würden sie ja bereits von anderen genutzt werden.) Marketinggranaten explodieren sehr schnell.

„Großartige Ideen", schrieb Albert Camus, „kommen auf die Welt so sanft wie Tauben. Wenn wir genau hinhören, dann vernehmen wir im Dröhnen der Weltreiche und Nationen vielleicht das leise Flattern von Flügeln, die sanfte Regung von Leben und Hoffnung." (Siehe Kapitel 16 für Tips, wie man neue Ideen hören kann.)

Haben Sie sich gesagt, als Sie zum ersten Mal eine Flasche Lite sahen: „Diese Marke wird eines der meistverkauften Biere in Amerika werden." Oder haben Sie sich gesagt: „Hier haben wir ein neues Gablinger's." (Das erste kalorienarme Bier.)

Als Sie den ersten Laden von Toys „Я" Us sahen, haben Sie da gesagt: „Hieraus wird ein Zehnmilliardendollar-Unternehmen werden, das ein Viertel aller Spielzeuge in den USA verkauft." Oder haben Sie sich gefragt: „Warum schreiben die denn das R verkehrtrum?"

Haben Sie sich 1955 eine der Niederlassungen von McDonald's gekauft, als sie für ganze 950 Dollar zu haben waren? Oder haben Sie in der Schlange gestanden und sich gefragt: „Wie können die denn bei 15 Cents pro Hamburger Geld verdienen?"

Haben Sie 1958 Xerox-Aktien gekauft? Oder 1968 Suppendosen von Andy Warhol? Oder 1979 eine Eigentumswohnung in Manhattan?

Haben Sie Ihre Baseballkarten aufbewahrt? Ihre Superman-Comics?

Günstige Gelegenheiten sind schwer zu entdecken, weil sie nicht so aussehen. Sie sehen nur aus wie besondere

Aspekte einer Sache: Ein leichteres Bier, ein teureres Auto, ein billigerer Hamburger, ein Geschäft, das nur Spielzeug verkauft. Dem Marketing obliegt es, aus diesem Aspekt oder dieser Idee eine Strategie zu formen, um ihre Kraft freizusetzen.

Ein oder zwei Liefereinheiten von Papa John's Pizza mit „besseren Zutaten" hätte der Marktführer Pizza Hut ausschalten können. Mit der Strategie, zu einem landesweit operierenden Lieferunternehmen zu werden, trieb er jedoch einen mächtigen Keil in die Konkurrenz. Mit dieser Idee setzte sich die Firma als erste im Bewußtsein der Konsumenten fest.

Die Idee diktiert die Strategie. Dann treibt die Strategie die Idee voran. Eine ist nicht wichtiger als die andere. Das ist der Kern dieses Prozesses. Die Beziehung zwischen beiden ist der entscheidende Aspekt erfolgreichen Marketings.

Was ist beim Flugzeugbau wichtiger: Der Motor oder die Tragfläche? Keins von beiden. Von der Beziehung der beiden zueinander hängt ab, ob die Maschine von der Startbahn kommt.

Die Idee unterscheidet Ihr Geschäft von dem Ihrer Konkurrenz. Die Strategie verleiht der Idee Flügel, so daß Ihr Geschäft zu einem Erfolg werden kann.

EINFACHE ZUSAMMENFASSUNG

Zeigen Sie mir die Idee!

KAPITEL 16

Neue Ideen

Bereits Bekanntes ist einfacher

Originell muß eine Idee nur in der Anwendung
auf das Problem sein, an dem Sie gerade arbeiten.

Thomas Edison

Es gibt Unternehmen, die aus der Ideensuche eine Wissenschaft der Effekthascherei machen.

In einem alten Landhaus in einem Vorort von Cincinatti bewerfen sich einige Leute mit gelben Schaumbällen. Im ersten Stock spielt unterdessen ein Dixielandquartett seine Melodien. Innerhalb von Hörweite kritzeln einige auf lila Kärtchen. Was schreiben sie auf? Was ihnen so in den Sinn kommt. In einem anderen Raum werden Leute über ihre schlimmsten Urlaubserlebnis befragt, und ob sie Narben haben, und woher sie diese haben.

Was, zum Teufel, geht hier vor?

Sie haben die Twilight Zone der amerikanischen Ideenindustrie betreten. Hier arbeiten die kreativen Experten, die versprechen, Ihr Geschäft wieder in Schwung zu bringen oder alten Produkten neue Energie zu geben. Wie soll dies geschehen? Sie haben es sich bereits gedacht – durch neue Ideen.

Das Problem bei der Ideensuche ist, daß sie zu leicht zu einer schwindelerregenden Reise wird, ganz wie die von Alice durchs Wunderland. Begleitet wird sie von jeder Menge Hokuspokus, wie „kreative Emanzipation" oder „geistige Befreiung", ganz zu schweigen von einem Preisschild, das Alice zum Erröten bringen würde. (Die Brainstormer in dem alten Landhaus stellen bis zu 150.000 Dollar pro Besuch in Rechnung.)

Ohne Zweifel treiben neue Ideen das Geschäft voran. Sie sind der Treibstoff für zukünftigen Erfolg. Aber ist es wirklich so kompliziert, auf eine neue Idee zu kommen, wie uns einige glauben machen wollen? Oder läßt man nicht vielmehr einen im Grunde einfachen Vorgang höchst komplex erscheinen?

Innovation hat mit Genie sehr wenig zu tun. Auch Inspiration spielt kaum eine Rolle.

„Es geht die Legende um, daß sich Geschäftsinhaber von Geistesblitzen leiten lassen", schreibt Peter Drucker. „Ich arbeite seit 40 Jahren mit Unternehmern zusammen, und diejenigen, deren Geschäftsgang von Geistesblitzen abhängt, sind blitzschnell bankrott."

Lassen Sie uns einmal ganz unvoreingenommen betrachten, wie unser Verstand auf eine neue Idee kommt. Der Vorgang läuft in drei Schritten ab:

1. **Vorbereitung**
Sie befassen sich mit einem Problem. Sie sammeln Informationen, Daten und Meinungen anderer Personen. Dann fängt Ihr Gehirn an zu arbeiten.

2. **Inkubation**
Während Sie sich mit anderen Dingen beschäftigen, arbeitet ein Teil Ihres Unterbewußtseins. Gedankengänge werden einander gegenübergestellt, besondere Eigenschaften herausgearbeitet, Ideen zusammengesetzt.

3. **Erleuchtung**
Eine neue, vernünftige Idee taucht auf (scheinbar aus dem Nichts). Voilá! Geschafft!

So geht es vor sich. Aber, was genau passiert, ist eine andere Frage.

(In dem Comicstrip B. C. unterhalten sich zwei Figuren über dieses Thema. Erste Figur: „Was ist eine Idee?" Zweite Figur: „Eine Idee ist eine gedankliche Inspiration." Erste Figur: „Wo kommt sie her?" Zweite Figur: „Keine Ahnung.") Wir werden nie verstehen, wie es vor sich geht.

Wir wissen jedoch, daß Mister Edison völlig recht hatte. Es ist ganz in Ordnung, Anleihen bei fremden Ideen zu machen. „Machen Sie es sich zur Gewohnheit", sagte Edison, „auf neue und interessante Ideen zu achten, die andere mit Erfolg angewendet haben."

Genau das tat Leopoldo Fernandez Pujals. Als vor zehn Jahren mehr und mehr spanische Frauen berufstätig wurden, bemerkte der kubanisch-amerikanische Unternehmer einen wachsenden Appetit der Spanier auf Imbißgerichte. Also investierte er 80.000 Dollar in einen Pizzalieferungsservice in Madrid. TelePizza hat heute einen Umsatz von 260 Millionen Dollar, beschäftigt 13.000 Mitarbeiter und ist in acht Ländern vertreten. Seit TelePizza 1996 an die spanische Börse gegangen ist, ist der Aktienpreis von 14 auf 123 gestiegen, und der Marktwert des Unternehmens beträgt 1,3 Milliarden Dollar. „Ich werde immer wieder gefragt, worin mein Geheimnis liegt", sagt der 50jährige Vietnamveteran. (Wir kennen dein Geheimnis. Du hast Dominos „Hauslieferungsidee" geklaut.)

Nehmen wir einmal an, Sie seien der Geschäftsführer eines Hotels der gehobenen Preisklasse und versuchten, mit den Marriotts und Hyatts mitzuhalten. Ziehen Sie sich nicht mit Ihren Mitarbeitern irgendwo in die Wildnis zurück, um ein Brainstorming für betriebliche Verbesserungen zu veranstalten! Beobachten Sie statt dessen, was unabhängige Hotels unternehmen, um ihre Gäste zu beeindrucken (wie das

Charles Hotel in Cambridge, Massachussetts, das eine Kindergeschichte ins Gästetelephon integriert hat).

Auf die einfachste Art läßt sich ein Problem lösen, indem Sie eine Idee von jemand anderem übernehmen. So haben, zum Beispiel, Militärexperten Anleihen bei Kunstwerken Picassos gemacht, um ein besseres Tarnfarbenmuster für Panzer zu entwickeln.

Ein neues Produkt schaffen Sie am einfachsten, indem Sie eine bereits bestehende Idee adaptieren. Der Popsänger und Komponist Paul Simon war entwaffnend ehrlich, als man ihn fragte, woher die Inspiration für „Bridge over Troubled Water" gekommen sei. Er habe zwei Melodien im Kopf gehabt, antwortete Simon, einen Choral von Bach und einen Gospel von den Swan Silvertones, „und die habe ich zusammengefügt".

Das Museum für Frühgeschichte an der Universität von Kalifornien in Berkeley verkaufte symbolisch die Knochenteile eines Dinosauriers. So erhielt das Museum Spendengelder für das Zusammensetzen des Skeletts eines Tyrannosaurus Rex. Die Namen der Spender wurden auf einer Tafel im Museumsgebäude festgehalten. Die Preise reichten von 20 Dollar für einen Schwanzknochen bis zu 5000 Dollar für Schädel und Kiefer. (Falls es Sie interessiert, ein durchschnittliches T-Rex-Skelett besteht aus 300 Teilen.)

Die Kampagne wurde ein enormer Erfolg. Eltern kauften Dinosaurierteile im Namen ihrer Kinder. Grundschulen verkauften Kaffee und Kuchen, um einen Knochen zu erwerben.

Wo kam diese Idee her? Sie wurde in Anlehnung an ein Opernhaus übernommen, das einzelne Sitze an Sponsoren verkaufte.

Weil wir schon bei Wohltätigkeitsveranstaltungen sind: Waren Sie schon je zu einem großen Wohltätigkeitsball eingeladen und wollten im Grunde nicht hingehen? Keine Lust, einen Babysitter zu organisieren, einen Smoking auszuleihen oder sich die Reden anzuhören.

Verstehen wir, sagten sich ein paar kluge Leute in Florida. Sie verschickten folgende „Nichteinladungs"-Einladung:

> Das jährliche Bankett von Goodwill Industries wird in diesem Jahr nicht im Americana Hotel stattfinden.
> Es werden um 19 Uhr keine Cocktails gereicht.
> Um 20 Uhr wird kein Essen serviert.
> Begleiter des Abends wird nicht Art Linkletter sein.
> Reverend Norman Vincent Peale wird nicht das Tischgebet sprechen.
> Gastredner wird nicht Dear Abby sein.
> Bleiben Sie daheim und machen Sie sich einen gemütlichen Abend, aber bitte überweisen Sie 50 Dollar pro Person oder 100 Dollar pro Paar.

Wurde diese Idee ein Erfolg? Darauf können Sie wetten.

Im folgenden Jahr übernahmen weitere Ortsgruppen von Goodwill und einige Krankenhausfördervereine die Idee. (Wäre sie auch für Ihre Lieblingsstiftung brauchbar? Nur zu, übernehmen Sie sie!)

Anfang des 20. Jahrhunderts brachte William Durant 20 Zulieferunternehmen in den Besitz von General Motors. Dann beteiligte er die Maschinenteil- und Zubehörproduzenten von vornherein am Entwicklungsprozeß eines neuen Automodells. Sears, Roebuck and Co. kopierten Durants System, indem die Firma Minoritätsanteile an seinen Zulieferbetrieben erwarb, um auf diese Weise Kontrollmöglichkeiten und Kostenvorteile zu erlangen. Anfang der 30er Jahre wurde Sears von der Londoner Einzelhandelskette Marks & Spencer kopiert. Später untersuchten die Japaner Sears und Marks & Spencer und kopierten beide. (Können Sie hieraus eine Lehre für Ihr Unternehmen ziehen?)

Toys „Я" Us war eine der ersten Einzelhandelsketten, die nur eine Produktgruppe führte. Andere betrachteten das Konzept und wendeten es ebenfalls an: Home Depot für Haushaltsartikel, Staples and OfficeMax für Bürozubehör, PetsMart für Haustierfutter.

Sie erhöhen die Wahrscheinlichkeit, daß Sie ein Problem lösen können, indem Sie zu einem Sammler werden. Machen Sie sich eine Notiz, wenn Sie auf einen flotten Gedanken oder eine clevere Idee stoßen. Führen Sie ein Tagebuch, eine Mappe mit Zeitungsausschnitten oder eine entsprechende Computerdatei. Legen Sie sich einen Notizblock ans Bett und einen Kassettenrecorder ins Auto.

Schauen Sie in Ihrer Sammlung nach, wenn Sie auf der Suche nach einer Problemlösung sind. Folgen Sie den unten beschriebenen Schritten, um das Beste aus einer bestehenden Idee zu machen. (Sie wurden in Anlehnung an eine Checkliste von Alex Osborn, dem Autor von *„Applied Imagination"*, erstellt.) (17)

1. **Ersetzen**
Was ließe sich bei Methode, Materialien, Zutaten oder Erscheinungsbild ersetzen? Aus SugarPops wurden Corn-Pops, eine ernährungsbewußtere Art von Corn-flakes. „Romeo und Julia" wurde zur „West Side Story". Kürzlich nahm sich das Hartford Ballett den „Nußknacker" vor, versetzte die Geschichte ins Kalifornien des 19. Jahrhunderts und fügte Indianer, Levi-Strauss und Mark

Twain hinzu. Ergebnis: Begeisterte Kritiken für „The American Nutcracker".

2. **Kombinieren**
Was ließe sich mit einer bestehenden Idee verbinden? Welche Zutaten, Farben, Geschmacksrichtungen? Lipton kombinierte seine Teesorten mit Früchten und anderen Geschmäckern, um neue Arten von Eistee zu entwickeln.

3. **Adaptieren**
Was könnten Sie noch mit dieser Idee machen? Was ließe sich kopieren. Sony entwickelte in Anlehnung an seinen Walkman das Konzept von Watchman TV und Discman CD. (Dies nennt man die „gelenkte Evolution" eines Produkts oder Prozesses.) Gillette übernahm seine Methode der Rasierklingeninnovation (Trac II, Atra, Sensor, Sensor Excel etc.) für Oral-B-Zahnbürsten. Vor der Übernahme durch Gillette hatte Oral-B 27 Jahre lang keine neue Zahnbürste auf den Markt gebracht. Gillette unterhält heute ein Team von 150 Mitarbeitern für die Erforschung manueller Zahnpflege. Herausgekommen ist eine wahre Flut neuer Produkte, von einer neuen Zahnseide aus eigens entwickeltem Material hin zu einer Zahnbürstenreihe der gehobenen Kategorie.

4. **Vergrößern oder verringern**
Was würde geschehen, wenn sie etwas hinzufügten, verlängerten, stärkten oder wegließen? Sportnutzfahrzeuge gehen weg wie warme Semmeln, also erhöhte Ford den Einsatz mit dem noch größeren Expedition und dem Lincoln Navigator. McDonald's verkleinert die Verkaufsstel-

len, damit sie in Flughäfen und Kaufhäusern wie Home Depot paßten.

5. **Andere Anwendungen**
Wie könnte man das, was Sie bereits haben, in anderer Weise verwenden? Arm & Hammer haben ihr Backpulver zu einem Duftspender für Kühlschränke, einem Deodorant und einer Zahnpastazutat weiterentwickelt. In Coatsville, Pennsylvania, wurde ein verlassenes Krankenhaus in eine Unterkunft für Obdachlose und Wohnungen für Rentner mit geringem Einkommen umgebaut.

6. **Entfernen**
Was könnten Sie loswerden? Saturn bemüht sich, die Verärgerung und Furcht der Käufer vor dem Verkaufspersonal im Autohandel auszuschalten.

7. **Umdrehen oder umstellen**
Was ließe sich umdrehen oder andersrum betrachten? Kehren Sie die physikalischen Vorgänge in einer Kühlflasche um, und Sie haben eine Warmhaltekanne. Drehen Sie Ihr Telephonsystem um, und Sie können ein Problem im Kundendienst lösen, wie es der Auspuffhersteller Meineke an seinem Hauptsitz getan hat. Die autorisierten Händler beschwerten sich, daß sie nie eine Person ans Telephon bekamen, weil die Anrufe über eine Gratisnummer direkt zu einem automatischen Anrufbeantwortersystem durchgestellt wurden. In der Telefonzentrale an der Rezeption wurden derweil Gespräche persönlich entgegengenommen (meist waren es Vertreter und persönliche Anrufe für Mitarbeiter). Einfache Lösung: Vertauschen Sie die beiden Systeme.

Dale Carnegie, berühmt durch *„Wie man Freunde gewinnt"*, war auch berühmt dafür, die Ideen anderer zu übernehmen. „Die Ideen, für die ich bekannt bin, sind nicht meine eigenen", schrieb er einmal. „Ich habe sie von Sokrates entliehen. Ich habe bei Chesterfield abgeschrieben. Ich habe bei Jesus geklaut. Dann habe ich sie in einem Buch zusammengefaßt. Wenn Ihnen die Regeln dieser Männer nicht behagen, welche möchten Sie dann anwenden?"

EINFACHE ZUSAMMENFASSUNG

Zeigen Sie mir eine fremde Idee!

KAPITEL 17

Unternehmensziele

Sie klingen gut, aber bringen wenig

Einige Unternehmen ändern ihre Firmenpolitik, um die Zukunft in ihrem Sinne zu gestalten. Das ist reine Zeitverschwendung. Dieselben Resultate erhält man, indem man die Annahmen im Geschäftsplan modifiziert. Denken Sie daran, die Zukunft beruht auf Annahmen, und die Annahmen auf Ihren Erfindungen. Es hat keinen Sinn, sich selbst k. o. zu schlagen.

Scott Adams
Das Dilbert Prinzip

Unternehmensziele sind für viel Murks am Markt verantwortlich. Wir lehnen sie ab, weil sie mangelndes Realitätsbewußtsein in den Markt bringen.

Manager, die davon besessen sind, „was sie alles machen wollen", lieben es, Zielsetzungen zu formulieren.

Was sind langfristige Geschäftspläne anderes als eine sorgfältig ausgearbeitete Skizze des Unternehmens, wie es die Manager in fünf oder zehn Jahren haben wollen? Von Marktanteil ist die Rede und von Zielsetzungen für die Kapitalrendite.

Solche Manager versuchen, eine bestimmte Entwicklung zu erzwingen, anstatt nach Aspekten zu suchen, die sie sich zunutze machen können. Sie neigen dazu, existierenden Märkten hinterherzulaufen, statt neue Möglichkeiten aufzuspüren. Außerdem sind sie nach innen orientiert, statt sich nach außen zu wenden.

Hält man Mitgliedern der Geschäftsführung vor, Ziele seien reines Wunschdenken, antworten sie gerne: „Sie geben immerhin eine allgemeine Richtung vor." Diese Leute erkennen nicht, daß dem Formulieren von Zielen oft eine mangelnde Toleranz gegenüber Niederlagen innewohnt. Deshalb treffen Mitarbeiter dann häufig Fehlentscheidungen, denn sie sind damit beschäftigt, unrealistische Ziele zu erreichen.

Der Versuch, mystische Verkaufszahlen zu erreichen, führt die Produktmanager dazu, die Produktlinien unnötig auszuweiten oder kostspielige Werbemaßnahmen zu ergreifen, um den Umsatz zu steigern. Noch schlimmer ist, daß sie davon abgehalten werden, ein Problem zu isolieren, genau zu betrachten und dann alles zu unternehmen, um es zu lösen.

Cadillacs jüngster Vorstoß mit einem Automodell, das wie ein Chevrolet aussieht, ist vermutlich auf die Zielvorgabe zurückzuführen, Cadillacs Marktanteil bei jungen Käufern von Luxusautos zu erhöhen, die jedoch sehr importorientiert sind. Die Aufmerksamkeit dieser Gruppe zu bekommen, ist wahrscheinlich ebenfalls ein unrealistisches Ziel. Das Unmögliche bleibt nun einmal unmöglich. Man muß die Realität zur Kenntnis nehmen.

Ein weiteres Problem bei der Formulierung von Zielsetzungen ist, daß dadurch eine gewisse Starrheit erzeugt wird. Wer auf ein Ziel ausgerichtet ist, verpaßt leicht Möglichkeiten, die sich durch einen Richtungswechsel geboten hätten.

Während sich GM auf das Ziel konzentrierte, Cadillacs schrumpfenden Marktanteil zu erhöhen, wurde nicht erkannt, was man sonst noch hätte tun können.

GM hat ganz offensichtlich immer die Möglichkeit gehabt, eine neue Marke im Bereich der Luxusklasse einzuführen. Dafür hat General Motors bereits den perfekten Namen. Wir würden GM ermuntern, den LaSalle wieder einzuführen. (Für die jüngeren Leser: Der LaSalle war einer der erfolgreichen, klassischen Wagen der 20er und 30er Jahre. Er gehörte zwar zur Cadillacfamilie, wurde aber in der Regel als eigenständige Marke behandelt.)

Die Ironie bei der Wiedereinführung der LaSalle-Marke, um mit europäischen Wagen zu konkurrieren, wäre der Umstand, daß er ursprünglich als Wagen mit „europäischem Aussehen" entworfen wurde. Vorbild für den LaSalle war der französische Hispano-Suiza, ein Auto, das nur noch Historiker kennen.

UNTERNEHMENSZIELE

Die heutige Version müßte natürlich kleiner sein und recht teuer, wie europäische Limousinen. Am wichtigsten ist jedoch, daß der Verkauf über eine neue Gruppe von LaSalle-Händlern abgewickelt werden müßte und nicht in Cadillac-Niederlassungen (ganz so wie der Acura von eigenständigen Händlern und nicht von Honda-Niederlassungen verkauft wird.)

Vor einigen Jahren hätte ein solcher taktischer Richtungswechsel wahrscheinlich besser funktioniert, aber es bleibt der einzige Schritt, den GM unternehmen kann, wenn die Firma einen größeren Teil des Luxusmarktes ergattern will. Und wer will bei diesen Preisen kein größeres Stück vom Kuchen haben?

In ihrem äußerst erfolgreichen Buch *„Built to Last"* schwärmen James Collins und Jerry Porras von „dicken, fetten, kühnen Zielen". Durch solche Zielsetzungen, so behaupten sie, seien Firmen wie Boeing, Wal-Mart, General Electric, IBM und Philip Morris zu den Giganten geworden, die sie heute sind.

Betrachtet man diese These genauer, stellt man fest, daß „Ziele" mit „kühnen Entscheidungen" verwechselt werden.

Boeings Entscheidung, auf das erste kommerzielle Düsenflugzeug zu setzen (die 707), war ein mutiger Schritt, keine Zielsetzung. So brachte sich Boeing an die Spitze.

IBM setzte mit der 360er Reihe mutig auf eine neue Computergeneration. In manchen Situationen bleiben Marktführer an der Spitze, indem sie mit sich selbst konkurrieren.

Citicorp wollte mit seinem Ziel, die Bank zu einer großen inländischen und internationalen Finanzinstitution zu machen, auch die Marktführerschaft in den frühen Tagen der großen Bankhäuser erreichen.

Die Autoren von *„Built to Last"* wählen als Beispiele Unternehmen, die zwischen 1812 (Citicorp) und 1945 (Wal-Mart) gegründet wurden. Diese Firmen mußten seinerzeit nicht dem enormen Wettbewerb in der heutigen globalen Wirtschaft begegnen. Zwar kann man vom Erfolg dieser Unternehmen viel lernen, doch man sollte sich daran erinnern, daß ihr Wachstum in ein Periode fiel, in der das Geschäftsleben viel einfacher war als heute.

EINFACHE ZUSAMMENFASSUNG

Unternehmensziele sind wie Träume. Wachen Sie auf und treten Sie der Wirklichkeit gegenüber.

KAPITEL 18

Wachstum

Es kann Ihrem Unternehmen schaden

Wir sind nicht in der verzweifelten Lage, wachsen zu müssen. Wir haben den verzweifelten Wunsch, wachsen zu wollen.

Milton Friedman

Wachstum entsteht als ein Nebeneffekt, wenn man die Sache richtig macht. Für sich allein ist es kein erstrebenswertes Ziel. Wachstum ist letztlich sogar der Übeltäter, der für unmögliche Zielsetzungen verantwortlich ist.

Geschäftsführer setzen auf Wachstum, um ihren Arbeitsplatz zu sichern und ihr Einkommen zu erhöhen. Aktienhändler an der Wall Street setzen auf Wachstum, um ihre Reputation zu verbessern und ihr Einkommen zu erhöhen.

Unserer Meinung nach ist es eine einfachere und schlagkräftigere Zielsetzung, wenn man sich auf den Marktanteil statt auf die Gewinne konzentriert. In einem entstehenden Markt sollte Ihr Hauptziel darin bestehen, einen beherrschenden Marktanteil zu bekommen. Zu viele Firmen wollen Profite einstreichen, bevor sie ihre Position gesichert haben.

Ein Unternehmen wird nicht durch Produkt oder Dienstleistung stark. Die Position der Firma setzt sich in den Köpfen fest. Hertz ist ein starkes Unternehmen aufgrund seiner Position als Marktführer, nicht aufgrund der Qualität der Autovermietung. Es ist leichter, an der Spitze zu bleiben, als an die Spitze zu gelangen.

Fällt Ihnen eine Firma ein, die einen Marktführer überholt hat? Crest gelang es im Bereich Zahnpasta dank des Gütesiegels des amerikanischen Zahnärzteverbands. (Ironischerweise hat Colgate die Führungsrolle mit der bakterientötenden Zahnpasta Total zurückerlangt.) Duracel übernahm die Marktführerschaft dank „Alkaline". Budweiser gelang es mit Bier und Marlboro mit Zigaretten. Aber es kommt nur sehr selten vor.

DIE MACHT DES EINFACHEN

Eine Untersuchung von 25 führenden Marken aus dem Jahre 1923 erhärtet diese Behauptung. 20 von ihnen sind heute noch an erster Stelle. Vier stehen auf dem zweiten Platz und eine auf dem fünften.

Selbst in der Reihenfolge gibt es kaum Veränderungen. Wenn Marketing ein Pferderennen wäre, wäre es eine tödlich langweilige Angelegenheit. Seit dem Zweiten Weltkrieg gab es nur eine einzige Veränderung unter den drei führenden Automobilherstellern in den USA.

1950 zog die Ford Motor Company an der Chrysler Corporation vorbei und belegte den zweiten Platz. Seither ist die Rangfolge General Motors, Ford, Chrysler. Eintönig, nicht wahr?

Diese „Zähflüssigkeit" im Marketingrennen und die Tendenz, daß Unternehmen und Produkte Jahr für Jahr auf demselben Platz bleiben, unterstreicht, wie wichtig es ist, von vornherein eine gute Position zu erlangen. Die Verbesserung der Position mag schwierig sein, doch ist dies erst einmal gelungen, bleibt man recht leicht auf dem neuen Rang.

Sind Sie einmal an die Spitze gelangt, sorgen Sie dafür, daß es der Markt erfährt. Es gibt zu viele Unternehmen, die ihre Führungsrolle als selbstverständlich betrachten und sie niemals nutzen. Damit öffnet man sich den Angriffen der Konkurrenz. Amerikaner haben eine Schwäche für Benachteiligte, doch sie kaufen lieber bei Erfolgreichen.

So ging es im Bereich Viskosefasern. Hinsichtlich des Umsatzes ist der Markt gleichmäßig verteilt zwischen einem österreichischen Unternehmen (Lenzing), einer britischen Firma (Courtaulds), einem Unternehmen in Indien (Biria) und einem in China.

Lenzings Technologie genießt jedoch den besten Ruf, weil die Firma bereits seit 1930 daran arbeitet. Also machte sich Lenzing daran, in der Branche die Vorstellung zu etablieren, daß die Firma Marktführer für Viskosefasertechnologie sei. Lenzing verbreitete, Viskose werde dank Lenzing ein immer besserer Faserstoff. Das Unternehmen nahm die eigene Marktführerschaft vorweg.

Finanzieren Sie niemals die Verlierer eines Unternehmens mit den Profiten der erfolgreichen Einheiten – ein typischer Trick der Buchhaltung in Multiproduktunternehmen. So berauben Sie sich der Möglichkeit, voll auf Ihre erfolgreichen Produkte zu setzen.

Aufgrund des Druckes von der Wall Street bleiben viele Unternehmen jedoch weiterhin auf Wachstum konzentriert und verpassen die Gelegenheit, auf Gewinner zu setzen. Besser gesagt, sie lassen sich ablenken.

Betrachten wir die gegenwärtige Entwicklung bei Silicon Graphics. Dies ist die Workstation-Firma, die visuelle Computertechnik und all die erstaunlichen Graphiken der Hollywood-Studios auf den Markt brachte. Mit der Übernahme von Cray Supercomputers ist die Firma gegenwärtig Marktführer im Bereich der Hochleistungscomputer.

Doch statt alle Ressourcen zu mobilisieren und die differenzierende Idee der „Hochleistung" zu fördern, steht die Firma nun unter dem Druck der Wall Street, die Geschäftsunternehmungen auszuweiten. Für Analysten sind Hochleistungscomputer ein Nischenmarkt, der kein zwanzigprozentiges Jahreswachstum bringen kann.

Wenn Sie den Porsche der Computer herstellen, dringen Sie nicht in den Markt der Billigcomputer vor. Sie dominieren den Hochleistungsmarkt, indem Sie mehr Kunden für

Hochleistungscomputer gewinnen. (Und welches kapitalkräftige Unternehmen will schon Computer mit geringer Leistung haben?)

Sie können der Wall Street nicht Ihre Geschäftsleitung überlassen.

Die meisten Finanzmogulen gehen rein mathematisch an die Aufgabe des Marketings heran. Je größer die Zahl der Geschäftsunternehmungen, so glauben sie, desto schneller werden diese Bereiche wachsen. Sehen wir uns die Entwicklung von Nike an. Wenn die Welt rausgeht, um zu spielen, dann will sie Nike von Kopf bis Fuß einkleiden. Nun will die Firma selbst die Ausrüstung für die Spiele liefern und schickt ihre Designer mit ihrer Hightechmethode an die Entwicklung von Baseballschlägern, -bällen und -handschuhen.

Die Strategie ist offensichtlich, Nike zu einer „Megamarke" für Sportartikel zu machen. Die Firma setzt ihr Swoosh-Logo auf die Trikots jeder großen Sportmannschaft und jedes bekannten Namen im Sport, die sie kaufen kann. (Nike-Gründer Phil Knight ist nie ohne sein Logo zu sehen. Er hat eine Swoosh-Tätowierung.) Welches Spiel es auch ist, Nike will dabei sein.

Seit kurzem scheint die Welt jedoch nicht mehr spielen zu wollen. Ein Blick auf einige Artikel über Nike in jüngsten Ausgaben von Zeitschriften und Zeitungen zeigt, was vor sich geht:

In „Teens Give Boot to Nike" *(U. S. News & World Report)* wird berichtet, daß immer weniger Jugendliche teure Sportschuhe von Nike kaufen (18). In „Tripped by Too Many Shoes, Nike Regroups" *(The Wall Street Journal)* wird dargelegt, wie problematisch es ist, jedes Jahr 350 Sportschuhmodelle auf den Markt zu bringen (19). „Nike Shows Feet of Clay: Cutbacks Ahead" *(Footwear News)* handelt von abnehmenden Gewinnen und möglichen Entlassungen (20). In „Just Do it without Nike" *(Discount Store News)* wird dem Einzelhandel nahegelegt, mehr Marken zu führen als nur die von Nike (21).

Was ist passiert? Warum ist Nike nicht mehr cool?

Josephine Esquivel, eine Analystin bei Morgan Stanley, hatte ganz recht, als sie sagte: „Nikes größtes Problem ist die Über-Swooshung Amerikas."

In seinem Bemühen um „endloses Wachstum" geriet Nike in die von uns so genannte Produktlinienerweiterungsfalle. Typisch für Unternehmen mit Megamarken ist, daß sie das eigene Logo auf so viele verwandte und nicht verwandte Produktkategorien wie möglich zu heften trachten. Wir nennen dies „nach innen gerichtetes" Reflektieren über den Erfolg einer Marke und dessen Verstärkung und Optimierung.

Leider hat am Markt lediglich „nach außen gerichtetes" Denken Erfolg, das im Bewußtsein des potentiellen Kunden seinen Widerhall findet. Betrachten wir, was den folgenden großen Marken widerfahren ist:

- Chevrolet war einst das meistverkaufte Familienauto. Heute ist der Chevrolet ein kleiner, großer, teurer, billiger Viertürer, Sportwagen, Kleinlaster oder Lkw, der weniger verkauft als Ford, Honda und Toyata.

- 20 Jahre verbrachte Xerox mit Milliardeninvestitionen, um eine Firma zu werden, die alles anbietet, von Fotokopierern zu Computern. Schließlich erkannte das Unternehmen, daß jedwedes Xeroxgerät, das keine Kopien macht, in großen Schwierigkeiten steckt.

- McDonald's baute mit billigen, schnell zubereiteten Hamburgern ein enorm erfolgreiches Geschäft auf. Doch dann wollte man zu einem Restaurant werden, das Kinderhamburger, Erwachsenenhamburger, Pizza, Hähnchen und was einem sonst noch einfällt anbietet. Nun ist die Firma langsamer und viel weniger erfolgreich. Man ist einen „Mac" zu weit gegangen.

- Marlboro erlitt Marktanteilverluste, als es die Firma mit ihren Regulars, Lights, Ultra-Lights, Mediums und Mentholzigaretten übertrieb. Schließlich begriff man, daß echte Cowboys keine Mediums, Menthols und Ultra-Lights rauchen. Man ging zurück ins Marlboro Country, und alles wurde wieder viel besser.

Wie bereits in Kapitel 7 erwähnt, geht es im Geschäftsleben um Differenzieren, Differenzieren und wieder Differenzieren. Je mehr Sie sich in unterschiedlichen Produkten ergehen, desto eher verlieren Sie Ihren Schwerpunkt, und das macht es schwierig, Ihr Produkt zu differenzieren.

Die Leute kaufen Ihre Produkte nicht, weil Sie eine Megamarke sind. In der Welt des Sports kaufen die Leute die beste Marke von Sportschuhen, Golfbällen, Tennisschlägern oder was auch immer. Sie kaufen das, was ihnen am meisten von dem verspricht, was sie haben wollen. In den meisten Fällen wird zum Spezialisten innerhalb der Kategorie gegriffen. Der Grund: Eine Firma, die sich spezialisiert hat, muß ihre Sache ja besser machen als die Nichtspezialisten.

Tiger Woods Motiv, sich von Kopf bis Fuß in Nike zu kleiden, besteht in einem Vertrag über mehrere Millionen Dollar. Dieses Motiv fällt bei uns anderen weg. Je schneller Nike begreift, daß es nicht um Logos geht, sondern um differenzierte Produkte, desto schneller wird die Firma ihr Spiel verbessern.

Es jedem in jeder Weise recht machen zu wollen, ist kompliziert und kostspielig. Diese Strategie vergeudet Ressourcen auf Nebenschauplätzen, die eigentlich auf das Hauptereignis gerichtet werden sollten. Entscheidungen werden weit einfacher, wenn Sie sich nur auf eine Sache konzentrieren müssen.

Unserer Erfahrung nach ist weniger mehr.

Subaru war ein Pionier im Allradantrieb (AWD). In den 70er Jahren des 20. Jahrhunderts baute die Firma ein starkes Markenimage für außergewöhnliche, belastbare Fahrzeuge auf, die für Fahrten in Schnee und Schlamm geeignet waren.

In den 80er Jahren ging das Unternehmen beinahe bankrott, weil es sein Schlechtwetterimage abzulegen versuchte, und Honda, Nissan und Toyota im herkömmlichen Automarkt herausforderte. Subaru produzierte mehrere Modelle von Limousinen und Sportwagen. 1993 hatte Subaru sieben Jahre hintereinander Verluste eingefahren. Insgesamt waren es 750 Millionen Dollar.

Dann gab die Firma defizitäre Produktreihen auf, verschlankte das Unternehmen und kehrte zurück zu ihren AWD-Wurzeln. 1996 machte Subaru nur 64 Prozent des Umsatzes, der zehn Jahre zuvor erreicht worden war, doch die Firma schrieb wieder schwarze Zahlen.

In jedem Wirtschaftsbereich kann weniger mehr sein. Amorim, eine portugiesische Firma, ist der weltweite Marktführer für Weinkorken. Die deutsche Krones AG hält einen weltweiten Marktanteil von 70 Prozent für Flaschenetikettierungsmaschinen. Der spanische Hersteller Chupa Chips entschied 1957, 200 seiner Produkte aufzugeben, um sich auf ein einziges zu konzentrieren – Lollies. Heute beherrscht die Firma den Weltmarkt.

Die folgende Geschichte illustriert, wie der Wunsch nach Wachstum die Wurzel vielen Übels ist.

Wir hatten den Auftrag erhalten, die Geschäftspläne eines großen Arzneimittelunternehmens mit mehreren Produktreihen zu begutachten. Ein Produktmanager nach dem anderen stand auf und präsentierte seine Pläne für das kommende Geschäftsjahr.

Im Laufe der Präsentation warnte ein junger Manager vor aggressiven neuen Konkurrenten in seiner Produktkategorie, die garantiert das Machtverhältnis verändern würden. Als er die geplanten Umsatzzahlen vortrug, stellten wir fest, daß er einen Anstieg um 15 Prozent einplante. Wir fragten ihn sofort, wie dies angesichts der neuen Konkurrenz möglich sei.

Seine Antwort lautete, man werde einige kurzfristige Manöver vornehmen und die Produktlinien erweitern. Ob das nicht der langfristigen Strategie schade? Ja, schon. Aber, warum machen Sie es dann? Weil der Chef auf dem Zuwachs bestehe, und man müsse mit ihm sprechen.

Eine Woche später gab der Chef zu, daß dies eine Schwierigkeit sei, aber sein Chef benötige den Zuwachs wegen – Sie haben es erraten! – Wall Street.

EINFACHE ZUSAMMENFASSUNG

Bauen Sie den Marktanteil aus, die Umsatzzahlen werden sich einstellen.

Personalfragen

Das wichtigste im Geschäftsleben sind gutausgebildete, fähige Mitarbeiter. Verwirren Sie sie nicht mit Unsinn.

KAPITEL 19

Motivation

Anstrengung allein genügt nicht

Änderung und Verbesserung sind zwei unterschiedliche Dinge.

Deutsches Sprichwort

Eine landesweit erscheinende Zeitschrift rief eine bekannte Unternehmensberaterin zur Hilfe, weil der Anzeigenverkauf nachließ und sich die Moral der Mitarbeiter verschlechterte. Ob sie zum nächsten Treffen der Verkaufsmitarbeiter kommen und eine Rede halten könne.

Bevor sie zusagte, machte sie ihre Hausaufgaben. Name und Ruf der Zeitschrift waren altmodisch. Sie hatte einige kosmetische Änderungen des Designs hinter sich. Der Inhalt wies keine klare Linie auf und war verwirrend. Die Werbekunden reagierten mit größter Zurückhaltung.

Ihre Diagnose: Keine wirkliche Strategie, kein eindeutig differenzierender Punkt. Sie sei gern bereit, diese wichtigen Aspekten anzusprechen.

Die Antwort der Verlags: „Oh, wir hatten eigentlich nur an eine motivierende Rede gedacht. Wir müssen unsere Leute wieder auf Zack bringen, damit sie in Gang kommen."

Leute, Anstrengung allein ist nicht die Lösung. Sich stärker bemühen ist ein abgenutztes Schlagwort.

Wenn Sie Ihre Mitarbeiter motivieren, so wird sie dies nicht an Ihre Firma schweißen – vor allem, weil sie voraussichtlich bereits entdeckt haben, daß Arbeitsplatzsicherheit der Vergangenheit angehört. Eine Welle von Fusionen, Arbeitsplatzabbau und Umstrukturierung nach der anderen hat die Treue der Mitarbeiter zur Firma nicht gerade gefördert. Das dünne Band zwischen Organisation und Mitarbeiter ist zerrissen. Die Einstellung vieler Beschäftigter lautet: „Im Grunde sind wir alle Aushilfskräfte."

Dennoch ist Motivation eine so verführerische Lösung. Der Unternehmensberater Alan Weiss berichtet: „Ich weiß nicht, wie oft ich von Firmenleitern die Ermahnung gehört habe: ‚Wir können uns nicht auf unseren Lorbeeren ausruhen. Wir müssen von jetzt an noch härter arbeiten!'"

Also hat jemand den brillanten Einfall: Die Truppen brauchen ein bißchen Rock'n'Roll. Wir schicken sie zu einem Motivationstreffen, wo sie von eingängigen Slogans inspiriert werden. Hier sind einige der Sprüche, die bei einem solchen Festival in der Luft liegen:

- „Fühl dich wie ein Sieger, und du wirst ein Sieger werden!"
- „Gewinner geben nicht auf, sie stehen auf."
- „Erfolg kommt nicht über Nacht. Er kommt mit der Zeit."

Sie können natürlich auch einen Motivationsredner direkt in den Versammlungssaal der Firma holen. Dort kann diese charismatische Person dann die Truppen anfeuern, „alles zu sein, was man sein kann" und „den Motor anzuwerfen" (all dies wird begleitet von Luftballons, Buttons und Broschüren). Solche Vorträge tragen Titel wie:

- „Große Dinge geschehen, wenn du kleine Dinge richtig machst."
- „Die hohe Kunst, jeden zu besonderer Anstrengung zu bewegen."
- „100 Wege zur Selbstmotivation."
- „1001 Wege, dich selbst und andere zu motivieren."
(100 ist offenbar nur für Amateure.)

Vielleicht wollen Sie aber auch groß rauskommen und laden eine bekannte Persönlichkeit für die motivierende Ansprache ein.

Andersen Consulting beauftragte General Colin Powell, für 60.000 Dollar während eines internen Treffens der führenden Mitarbeiter zu sprechen, wo der treffliche General dann Autorität und Zuversicht verbreitete.

„Er fesselte die Zuhörer mit seinen Anekdoten über den Golfkrieg und sein Privatleben", sagte der Andersen-Häuptling, der alles organisiert hatte. „Er hat jedoch nichts gesagt, was sich auf das Treffen bezogen hätte. Mir war klar, daß er nicht genug über Andersens Geschäft wußte, um wirklich Einblicke in unsere Arbeit zu geben. Das war auch nicht das Ziel." (Worin bestand dann das Ziel?)

Geld ist natürlich eines der Ziele. Motivation ist ein sehr ernstzunehmendes Geschäft. Allein die Reden, die zur Motivation von Mitarbeitern gehalten werden, schaffen jährliche Einnahmen von einer Milliarde Dollar, berichtet ein Trainer-Magazin. (Luftballons werden extra berechnet.)

Bringen eindrucksvolle Redner von außerhalb wirklich Positives? Oder vernebeln sie den Verstand von bereits verwirrten Mitarbeitern nur noch mehr?

Betrachten wir das Gerede von dem besonderen Bemühen mit ein wenig gesundem Menschenverstand. Die meisten dieser Bemühungen folgen fehlgeleiteten Überlegungen. Sie laufen etwa so ab: Gib den Truppen etwas Besonderes, bring sie richtig in Fahrt. Dann werden sie sich mehr anstrengen, mehr verkaufen und mehr produzieren. Sie geben sich besondere Mühe.

Wissen Sie was? Das passiert nie. Erstens, vielleicht schmeckt dieses Zeug ja gut, aber der Effekt verpufft binnen weniger Minuten. Es ist lediglich wie eine geistige Massage. Es ist reine Unterhaltung. Zweitens, was, glauben Sie, passiert, wenn der „Bemühungs-Doktor" zusammengepackt hat und das Haus verläßt? Genau! Er macht sich auf den Weg zum nächsten Versammlungssaal, um genau dieselbe „Sie-können-es-schaffen"-Botschaft an die nächste Gruppe zu vermitteln – wahrscheinlich die Mitarbeiter Ihrer Konkurrenz.

Denken Sie daran, daß jedes Unternehmen Zugang zur selben Psychologie, zu denselben Sprechern und denselben Motivationstreffen hat.

Verstehen Sie uns nicht falsch. An dem Konzept, jemanden motivieren zu wollen, ist nichts falsch. Aber wie Will Rogers in seiner zurückhaltenden Art sagte: „Selbst wenn Sie sich auf der richtigen Spur befinden, kommen Sie unter die Räder, wenn Sie einfach nur dasitzen."

Aber stellen Sie zunächst einmal sicher, daß Sie wirklich auf der richtigen Spur sind. Sie müssen sich darüber im klaren sein, in welche Richtung sich Ihre Leute bewegen sollen, und sie brauchen die dafür erforderlichen Mittel und Ausbildung.

Betrachten wir einen Augenblick lang die Grundlagen. Was steht im Wörterbuch unter „motivieren"? Antwort: „Jemand zum Handeln bewegen." An welche Art von Aktion hatten Sie gedacht? Welche Handlungen genau erwarten Sie von den Zuhörern?

Die Leute im Versammlungssaal brauchen keine Antwort auf die Frage: „Wie setze ich mein wahres Potential frei?" Ihnen muß man mitteilen: „Was ist das Besondere an diesem Unternehmen?" (Worin liegt die Idee, die ich aufgreifen und weiterverfolgen kann?) Damit ist der Herr auf dem Podium wirklich gefordert.

Die wirksamsten Motivationsreden stammen von Mitarbeitern der Firma, die die Front besucht haben und ehrlich Bericht erstatten können. Den Angriff zu führen erfordert dieser Tage die Fähigkeit, sich in die Firmenstrategie einfühlen und sie vermitteln zu können. (Siehe Kapitel 12 über Unternehmensführung.)

Einmal waren wir dabei, als der Präsident eines weltweit 100 Milliarden Dollar umsetzenden Bankunternehmens die Redner-Bühne betrat. Hunderte von Leuten in frisch gebügelten Anzügen beugten sich vor, um seine Worte zu vernehmen. Der Generaldirektor räusperte sich und sagte: „Unser wichtigstes Ziel besteht darin, unseren Qualitätskunden in einem Qualitätsmarkt weltweit Qualitätsprodukte zu bieten."

Ist hier irgendwo eine wettbewerbsorientierte Idee enthalten? Gibt es hier einen geistigen Aspekt? Platitüden bewirken nichts. Sie richten sogar Schaden an, indem sie bei den heutigen skeptischen Mitarbeitern falsche Hoffnungen wecken.

Dieser Bankpräsident hätte eine Reihe von Ideen darlegen sollen: „Wie wir der Konkurrenz in den Hintern treten werden", gefolgt von: „Hier sind die Mittel, mit denen wir es machen werden."

Wahre Motivation beginnt mit der Waffe in Form einer Idee. Es folgt die Aufforderung an die Truppen, sie in Verkauf, Produktentwicklung, technischer Entwicklung oder was auch immer mit Leben zu erfüllen. Echte Motivation bezieht sich auf die Schlachten im wirklichen Leben und nicht im Wohlfühlland der „Spitzenleistung".

EINFACHE ZUSAMMENFASSUNG

Härter zu arbeiten ist nicht so wirksam, wie schlauer zu arbeiten.

KAPITEL 20

Persönliche Weiterentwicklung

Des Kaisers neue Kleider

Evolution bedeutet, in jeglicher Hinsicht immer besser zu werden, um am Ende von allem das Beste für uns herauszuholen.

Deepak Chopra
Spiritualist für persönliche Weiterbildung

Es gab einmal eine Zeit, da war das Karma eines Angestellten seine Privatsache. Heute kümmern sich mehr und mehr Unternehmen auch um den spirituellen Zustand ihrer Mitarbeiter.

Ziel ist die Schaffung von in sich ruhenden Arbeitskräften, die ihr Heil in einer holistischen und emotional ausgeglichenen Umgebung erfahren. Bitte nicht kichern. Diese Gebetsgesänge des New Age fegen schneller über das Land als El Niño. Das „Kind im Inneren" und „menschliches Potential" sind heute Teil des Standardvokabulars im Geschäftsleben.

Amerikanische Unternehmen geben pro Jahr 15 Milliarden Dollar für die verschiedenen Arten von Mitarbeiterschulungen aus. Der am schnellsten wachsende Bereich? Persönliche Weiterentwicklung und Selbstentfaltung. Managementtheorie arbeitet heute Hand in Hand mit Selbsthilfe, fernöstlicher Philosophie, Futurologie und ausgemachter Quacksalberei.

Ist die Psyche Ihrer Mitarbeiter verletzt? Für alle Leiden gibt es ein Heilmittel.

- Boeing Company rief die Topmanager zusammen und ließ sie über ihre bisherigen Erfahrungen mit der Firma erzählen. Dann wurden alle negativen Passagen zu Papier gebracht und in einem rituellen Akt von korporativem Tod und Wiedergeburt verbrannt.

- In einem Seminar am Esalen Institute in Kalifornien mit dem Namen „Das Ende des zersplitterten Ichs" konzentrierten sich Rituale und Zeremonien auf „Befreiung und Erneuerung". (Die Teilnehmer hatten ein Halstuch, ein Notizbuch, Trommeln und Rasseln mitzubringen.)

Sie werden sagen, das sei ein wenig ungewöhnlich. Dann lesen Sie bitte weiter.

- Eine Seminargruppe in New Mexico verwendet Begriffe und wahrnehmungsverändernde Übungen, die der Tradition der Navajo und Apachen entstammen. Klienten wie Honeywell und Bethlehem Steel schicken ihre Leute zum Studium des Medizinrads, einer Darstellung der vier Pole der menschlichen Erfahrung (intellektuell, physisch, emotional und spirituell).

- Die Teilnehmer eines anderen Lernlabors machen einen „Fühlstein" aus Holz, Stein, Textilien, Blättern und Glasscherben. Er soll „symbolisieren, was den Leuten ihr Arbeitsplatz bedeutet". Am Ende dieses Prozesses kommt es durchaus vor, daß die Fühlsteine neu gestaltet werden. (Ich bediene deine beiden Steine und erhöhe um einen.)

Das New-Age-Denken ist selbst in die MBA-Lehrgänge und bis ins Weiße Haus vorgedrungen.

- Ein Professor an der Business School der Georgetown Universität verlangt von seinen Studenten, am hellichten Tage aufs Universitätsgelände hinauszugehen und aus vollem Halse zu schreien. „Manchmal", erzählt er, „lasse ich die Studenten so tun, als seien sie eine Schale Pudding oder eine Pizza, oder ich lasse sie bellen wie Hunde."

- Jean Houston ist die Begründerin der „Human-Potential"-Bewegung und eine Vertraute von Hillary Clinton. Sie empfiehlt Übungen zur „Wiederfindung des Ichs". Die Teilnehmer legen Schuhe, Schmuck und Brillen ab. Dann setzen sie sich Rücken an Rücken in zwei Kreise, verschränken die Arme, schließen die Augen und beginnen zu singen. Dies ist bekannt als „Erinnerung an die Urgesellschaft".

- Die Clintons sind ferner begeisterte Anhänger von Vertretern der persönlichen Transformation, wie Stephen Covey und Tony Robbins. (Über die beiden folgt gleich mehr.)

Trommeln und Rasseln? Fühlsteine und Meditation? Bellen wie ein Hund? Werden die Industriebosse der Zukunft außer ihren Laptops wirklich Tarotkarten und Betgesänge bei sich haben?

Die Beantwortung dieser Fragen erfordert einen genaueren Blick auf Covey, Chopra und Robbins, die Großen Drei, die im Verkauf des Ich-Bewußtseins an den Geschäftsmann miteinander im Wettstreit liegen:

Stephen Covey steht für den neuen amerikanischen Traum – wirtschaftlicher Erfolg und geistiges Heil im Paket. Die Zeitschrift *USA Today* nennt ihn „den heißesten Fachberater für Weiterentwicklung im amerikanischen Geschäftsleben seit Dale Carnegie". Sein Trainingsinstitut gründete er 1985 mit zwei Mitarbeitern. Heute beschäftigt er 700 Leute und hat Einnahmen von 100 Millionen Dollar. Zu den Klienten gehört die Hälfte der Fortune-500-Liste sowie Tausende von kleineren Betrieben.

Von seinem ersten Buch *„Die sieben Wege zur Effektivität"* wurden 10 Millionen Exemplare verkauft. Die Botschaft: Um Ihr volles Potential zu erreichen, müssen Sie Ihren Charakter stärken.

Stephen Covey sagt uns nicht, was wir tun sollen, er zeigt uns vielmehr, wie wir in uns selbst hineinhorchen sollen, um das richtige Universalprinzip zu finden und es anzuwenden.

Sieben solcher Prinzipien gibt es in seiner Welt (nicht mehr, nicht weniger). Eines von ihnen, das Alle-gewinnen-Prinzip, basiert auf einer interessanten Studie. Covey verkündet, er werde uns alles mitteilen, was wir über persönliche Effizienz wissen müssen, aber er verspricht zugleich, es auch allen anderen zu sagen. Ihre Konkurrenz wird also im Besitz desselben Wissens sein wie Sie. Kein Grund zur Besorgnis, sagt Professor Covey. Wenn alle von uns wissen, was wir bereits seit langem wissen, wird es allen besser gehen. (Bitte rufen Sie uns an, wenn Sie dies begreifen.)

Trotz allem ist Coveys Ernsthaftigkeit nicht zu bezweifeln. Sein Leben lang war er ein unbeirrbarer Mormone. Er hat einen MBA der Harvard-Universität, einen Doktortitel in Organisationstheorie und 20 Jahre Lehrerfahrung in Unternehmensmanagement. Er ist kein Fanatiker.

Aber das sind doch alte Allgemeinplätze, sagen seine Kritiker. Arbeite hart! Folge der goldenen Regel! Du mußt/ könntest/solltest vorausplanen. Warum also dieser Hype?

Covey praktiziere „Weiße Magie", schreibt Alan Wolfe in *„The New Republic"* (22). Deren Ziel besteht darin, die Menschen davon zu überzeugen, daß ihnen die selbstverständlichsten Dinge, die ihnen ohnehin klarsind, dennoch offenbart werden können.

Deepak Chopra arbeitete früher als Endokrinologe in Boston. Geboren und aufgewachsen ist er in Neu Delhi, wo er 12 Jahre lang eine Missionsschule der Jesuiten besuchte. Heute beschreibt er sich selbst als „Pionier im Bereich von Geist-Körper-Medizin und menschlichem Potential."

Mindestens 15 Millionen Dollar bringen seine Unternehmungen pro Jahr ein. Besonders populär ist er bei Fachleuten mittleren Alters. 19 Bücher hat er veröffentlicht, daneben gibt es ein monatliches Rundschreiben, Vorträge für 25.000 Dollar sowie fünftägige Seminare.

Die Botschaft, die Deepak Chopra verbreitet, ist ein Mischmasch aus fernöstlicher Philosophie, westlicher Theologie, keltischen Überlieferungen, moderner Medizin und sogar Rapmusik. „Alles, was er jemals gehört hat, ist Wasser auf seinen Mühlen", sagt ein Beobachter.

Millionen von begeisterten Anhängern schwören auf seine Botschaft, obwohl sie nicht genau erklären können, worin diese Botschaft besteht. Kein Wunder, wenn Sie sich in *„Die sieben geistigen Gesetze des Erfolgs" („The 7 Spiritual Laws of Success")* vertiefen und auf folgende Heilsbotschaft stoßen: „Das Leben ist der ewige Tanz des Bewußtseins, der sich ausdrückt als dynamischer Austausch von Impulsen der Intelligenz zwischen Mikrokosmos und Makrokosmos, zwischen dem menschlichen Körper und dem universalen Körper, zwischen dem menschlichen Geist und dem kosmischen Geist."

Wir haben uns ein Buch und eine Kassette von Deepak Chopra mit dem Titel *„Die Schaffung von Reichtum" („Crea-*

ting Affluence") zur Begutachtung vorgenommen. Es beginnt mit der folgenden Bemerkung des Verfassers: „Das vorliegende Material ist in höchstem Maße konzentriert und muß buchstäblich im Bewußtsein verdaut und erfahren werden." (Wir haben gründlich gekaut, bevor wir runterschluckten.)

Wenig später erfuhren wir, daß „Menschen mit einem Bewußtsein für Wohlstand nur das Beste akzeptieren. Dies nennt man auch das Zuerst-das-Höchste-Prinzip. Wenn Sie immer erste Klasse reisen, wird das Universum reagieren, indem es Ihnen nur das Beste gibt." (Wenn Sie erste Klasse von New York nach Los Angeles fliegen, neigt das Universum dazu, mit einer Rechnung von 3.688 Dollar zu reagieren.)

Während eines Vortrags mit dem Titel „Die Reise ins Grenzenlose" erklärt Chopra den Zuhörern: „Wir werden die Mechanik des Wundersamen und die spontane Erfüllung Ihrer Wünsche erforschen."

Moment mal. Da scheint es doch Grenzen auf der Reise ins Grenzenlose zu geben. Ein Apostel informiert die Zuhörer über das Seminar „Verführung des Geistes", das Ende des Jahres stattfinden wird. Buchen Sie schon jetzt einen Platz, und Sie sparen 400 Dollar.

Wie seine Glaubensbrüder aus dem Bereich der Selbsthilfe ist Chopra eine brillante Marketingmaschine. Vor dem Ballsaal des Hotels verkauft diese Maschine Bücher, Kassetten, Kräutertees, Vitamine und Massageöle.

Warum auch nicht? „Spiritualität und Wohlstandsbewußtsein gehen Hand in Hand", so Chopra. „Armut ist die Reflexion eines verarmten Geistes."

Tony Robbins ist ein über einsneunzig großer Krieger in Armani-Anzug mit vorstehendem Kinn, der unter dem Donner von Nebelmaschinen und Lichtblitzen mit großen Schritten die Bühne betritt.

Er war ein kluger Junge mit schlimmer Akne, der mit 17 Jahren von zu Hause fortging. Heute ist Robbins eine 40jährige „Spitzenkraft", die mit vor Adrenalinschüben strotzenden Seminaren Jahr für Jahr Millionen verdient. Mit seinen „Personal Power"-Werbesendungen im Fernsehen hat er zig Millionen Selbsthilfekassetten verkauft. Besonders erfolgreich ist er bei 25jährigen karriereorientierten Männern. Die Hälfte seiner Zeit verbringt er in einer Burg in San Diego (mit Hubschrauberlandeplatz), die andere Hälfte auf einer Insel im südlichen Pazifik.

Der Kern von Robbins Botschaft, wie sie in Büchern wie „Wecke den Riesen in dir" („Awaken the Giant Within") und „Unbegrenzte Macht" („Unlimited Power") zutage tritt, lautet, daß man alles erreichen kann, was man will, solange man die richtige innere Einstellung hat. („Think it and it will be yours.")

„Ich will von Ihnen, daß Sie sich zu einem Leben kontinuierlicher und unaufhörlicher Verbesserung verpflichten", sagt er in seinen Seminaren (Sie können gleich damit anfangen, indem Sie sich noch einige der Kassetten am Ausgang kaufen.)

Tony Robbins wurde berühmt, nachdem er auf eine kaum bekannte (und höchst dubiose) Therapieform namens Neurolinguistisches Programmieren (NLP) stieß. NLP arbeitet mit leichter Hypnose, um das Unterbewußtsein neu zu verkabeln, wodurch angeblich schmerzhafte Phobien, negative Selbstwahrnehmung und andere Probleme behoben werden. Indem er richtiges Denken und richtige Körperhaltung erlernte, stellte Robbins fest, daß er barfuß über glühende Kohlen laufen konnte. Seinen Gang durchs Feuer nannte er die geistige Revolution. „Wenn Sie durchs Feuer laufen können", brüllt er seinen Zuhörern zu, „dann können Sie alles!" Ein Weltreich war geboren.

Leute wie Tony Robbins sind die Halunken in diesem Markt, schreibt Adrian Woolridge, Bürochef des *Economist* und Mitverfasser von *„The Witch Doctors"*, einem wertvollen Buch, das Managementberater und Gurus unter die Lupe nimmt.

„Tony Robbins handelt mit Hoffnung und Leichtgläubigkeit", sagte Woolridge im *Training Magazine*. „Die Vorstellung, daß man nur seine Einstellung zur Welt ändern müsse, um dieses phantastische Ausmaß an Kraft freizusetzen und ohne Anstrengung ein erfolgreicher Mensch zu werden, ist ganz einfach Unsinn. Er verkauft vage Hoffnungen an die Leichtgläubigen." (23)

Wir sind der Meinung, daß es an der Zeit ist, „den Wahnsinn zu beenden", um den Titel eines anderen modernen Selbsthilfebuchs zu zitieren. Es folgen einige einfache Hinweise auf den Umgang mit Fragen der persönlichen Weiterentwicklung:

1. **Machen Sie sich klar, was hier vor sich geht.**
   Alles fängt mit unsicheren oder unglücklichen Menschen an. Versprechen Sie ihnen eine Lösung für ihre Probleme. Kleiden Sie Ihre Empfehlungen in eine Sprache, die intelligent klingt, aber im Grunde nur Quatsch vermittelt. Räumen Sie ein, daß die Welt voller Probleme ist, aber fordern Sie die Leute nur zu einigen wenigen Änderungen ihrer Lebens- und Arbeitsweise auf.

„Spiritueller Friede und Erleuchtung, die von den populären Gurus versprochen werden, erfordern keine lebenslange Disziplin", sagt Wendy Kaminer, eine Kommentatorin im National Public Radio. „Sie erfordern das Ausschalten des kritischen Urteilsvermögens, Teilnahme an den Vorträgen und Seminaren und den Kauf ihrer Bücher oder Kassetten."

Das Magazin *Forbes* nennt sie die „Straßenhändler der Zufriedenheit".

In ihrem Buch *„We've Had a Hundred Years of Psychotherapy and the World's Getting Worse"* erläutern James Hillman und Michael Venture die Schwächen der New-Age-Erleuchtung. „Das Innenleben wird zu Lasten der Außenwelt gefördert", schreiben die Autoren. „Man lernt vorwiegend zu fühlen, aber findet darüber hinaus nichts, das einem zeigt, wie die Welt wirklich ist."

2. **Überlassen Sie die Entfaltung der Persönlichkeit dem einzelnen.** Wenn Ihre Mitarbeiter über glühende Kohlen laufen oder auf Trommeln schlagen wollen, so gestatten Sie ihnen, dies in ihrer Freizeit und auf eigene Kosten zu tun. Vermutlich handelt es sich um eine harmlose Abhängigkeit, kaum gefährlicher als Koffein. Das Weiterbildungs-Budget der Firma sollte indessen so eingesetzt werden, daß bessere Arbeitskräfte dabei herauskommen und nicht bessere Seelen.

3. **Beginnen Sie mit den Grundlagen.** Sehen Sie sich Ihre Mitarbeiter einmal genau an. Vermutlich gibt es Leute unter ihnen, die nicht gut lesen können, sich nicht gut

ausdrücken, kein kohärentes Memo verfassen können, Bilanzen nicht verstehen, keinen Computer einschalten können. Hier muß die Weiterbildung ansetzen.

„Die Menschen müssen für genau das geschult werden, was sie während der Arbeit tun sollen", sagt Marineoffizier a. D. Richard Marcinko, der heute ein privates Security-Unternehmen leitet. Bei FedEx beispielsweise konzentrieren sich die firmeninternen Schulungen auf das eine, vorrangige Ziel, mit dem die Firma ursprünglich gegründet wurde: Auslieferung über Nacht. FedEx hat seine Mitarbeiter so genau für den Versand und die Überwachung von Lieferungen ausgebildet, daß die U.S. Army Schulungstechniken von FedEx übernahm, um das Nachschubsystem für den Golfkrieg aufzubauen.

4. **Konzentrieren Sie sich nach den Grundfertigkeiten auf die Fachkenntnisse.** Diesen Weg wählen die wirklich ernsthaften Spieler im Markt.

Motorola gab 1995 für innerbetriebliche Schulungen 150 Millionen Dollar aus. Jeder der 132.000 Mitarbeiter erhielt mindestens 40 Weiterbildungsstunden. General Electric gibt über 500 Millionen Dollar im Jahr für Schulungen aus und unterhält ein erstklassiges Leadership Development Center in Crotonville, New York.

Unternehmen jeglicher Größe können vom GE-Modell lernen. Die Firma begann mit der Begutachtung bestehender Theorien über Mitarbeiterschulung und betrachtete die Weiterbildungsmethoden in anderen Unternehmen. Das Ergebnis war ein siebentägiges Seminar, an dem zunächst 1.100 Topmanager teilnahmen. Diese Leute trugen dann das Erlernte in andere Unternehmensbereiche und schulten Zehntausende von anderen Managern und Arbeitern.

„Schicken Sie niemals eine veränderte Person zurück in eine unveränderte Umgebung", erklärt der Direktor des Schulungsprogramms von General Electric. „Das ist die Direktive 101 der organisatorischen Entwicklung."

5. **Denken Sie daran, daß es Schulung heißt, nicht Erholung.** Ein Seminar sollte nicht total langweilig sein, aber hüten Sie sich vor Programmen, in denen sich Geschäftsleute als Druiden und Hexen verkleiden und auf mystische Erkundungsreisen gehen. Das letzte Wort soll Tony Robbins haben. An einem bestimmten Punkt in seinen Seminaren soll Mister Robbins, Berichten zufolge, aufspringen und rufen: „Heute fühlen wir uns gut – ohne jeden Grund."

Keine weiteren Fragen, Euer Ehren.

EINFACHE ZUSAMMENFASSUNG

Jeden Tag wird ein Einfaltspinsel geboren und zwei Leute, die ihm etwas andrehen werden.

KAPITEL 21

Erfolg

Es geht darum, auf das richtige Pferd zu setzen

Das Leben ist ein Spinnennetz, in dem sich die Linien in schiefen Winkeln überschneiden. Ob Sie erfolgreich sind oder nicht, hängt nicht davon ab, wie gut Ihre Geschäftspläne sind, vor allem diese strategischen Fünfjahrespläne, die an den Business-Schulen gelehrt werden. Der Erfolg hängt davon ab, wie Sie auf unerwartete Gelegenheiten reagieren.

Ross Perot

Für den Erfolg gibt es heute nur eine einfache Methode: Betrachten Sie sich als ein Produkt und nicht als einen Angestellten. Ihre Karriere liegt in Ihren eigenen Händen und nicht in den Händen Ihres lächelnden Personalchefs.

Sich mehr bemühen, an sich selbst glauben, durchs Feuer laufen und sich sagen „Ja, ich kann es schaffen" sind keine Stufen auf der Leiter zum Erfolg. Die überraschende Wahrheit ist, daß Erfolg überhaupt nicht aus Ihnen selbst entspringt. Erfolg wird Ihnen von anderen gegeben.

Wenn Sie auf sich selbst setzen, haben Sie nur einen einzigen Wettzettel für das Rennen. Erweitern Sie dagegen Ihren Horizont und beziehen andere mit ein, erhöhen Sie Ihre Gewinnchancen ganz erheblich.

Erfolg bedeutet, mit anderen Worten, ein Pferd zu finden, auf das Sie setzen wollen. Dieses Pferd werden Sie nur finden, wenn Sie sich nicht länger mit Ihrem Innenleben befassen, sondern sich der Außenwelt öffnen und den Erfolg außerhalb Ihrer selbst suchen.

Das Gute ist, daß Sie von Erfolg umgeben sind.

Wir haben uns mit Erfolg und erfolgreichen Menschen auseinandergesetzt. Nachdem wir ihre eigennützigen Kommentare wie „sich mehr anstrengen" und „sich an den Plan halten" hinter uns hatten, fanden wir heraus, was den Erfolg wirklich ausmacht. Alle hatten sie Pferde gefunden, auf die sie setzen konnten, seien es Ideen, Unternehmen, Mentoren oder Familie.

Ausgehend von dieser Untersuchung folgen einige Tips,

wo und wonach Sie suchen und auf welches Pferd Sie setzen sollten. Wir geben Ihnen sogar die Gewinnchancen.

Das *Harte-Arbeit-Pferd* ist der längste aller Weitschüsse. Wenn Sie Ihre persönliche Marketingstrategie auf Ihren eigenen Talenten und Fähigkeiten aufbauen und Außenseiter ignorieren, setzen Sie nur auf sich selbst. (Aber nachdem Sie 18 Stunden pro Tag gearbeitet haben, haben Sie nichts mehr zu geben.)

Auch das *Intelligenzpferd* ist ein Weitschuß. In der Milch schwimmt die Sahne oben, aber im Leben ist das nicht der Fall. In der Unternehmensflasche findet sich oben vor allem Magermilch. Sie wären schockiert, wenn Sie die Intelligenzquotienten der Direktoren der 500-Fortune-Unternehmen untersuchten. (Die Lehrbeauftragten jeder Volkshochschule würden besser abschneiden.)

Aber das Intelligenzpferd kann sich bezahlt machen. So ging es im Fall von General George Marshall, berühmt durch den Marshallplan. Er war brillant und ein Mann von herausragendem Charakter. Präsident Roosevelt erkannte seine Intelligenz, und so stieg er auf bis zur Spitze des US-Heeres.

Überraschenderweise ist auch das *Firmenpferd* ein Weitschuß. In der Vergangenheit war dies genau das Pferd, auf das man setzen sollte. Ein angehender Hochschulabsolvent setzte auf die größte Firma und das höchste Gehalt – nach Möglichkeit beides. War die Entscheidung einmal getroffen, ging es vorwärts und aufwärts. Man hatte fürs Leben ausgesorgt. Heutzutage sollte man nur zu einem sehr frühen Zeitpunkt auf das Firmenpferd setzen. (Genau wie Menschen werden Unternehmen mit zunehmendem Alter müde und unflexibel.)

Unternehmen wie Xerox, Apple und Microsoft machten einige ihrer ersten Angestellten zu Millionären. Für alle, die später dazukamen, sah es mager aus. Wie kann man ein Megaunternehmen im Anfangsstadium erkennen? Man kann es nicht. Suchen Sie nach einer Person, einem Produkt oder einer Idee, die eine Zukunft zu haben scheinen.

Auf persönlicher Ebene eröffnet das *Hobbypferd* eine mittelfristige Perspektive. Was Sie in der Freizeit und was Sie bei der Arbeit machen, kann dasselbe sein. Betrachten Sie nur, was Hugh Hefner erreicht hat, ohne jemals sein Schlafzimmer zu verlassen. Paul Prudhomme ißt gern, was seine 200 Kilogramm Körpergewicht beweisen. Also machte er sein Hobby zum weltberühmten K-Paul's Kitchen in New Orleans. Paul und Nina Zagat machten ihre Vorliebe für Essen und Reisen zu einem Reich von Restaurant- und Reiseführern für die USA.

Kurze Schüsse haben die besten Gewinnaussichten, zum Beispiel das Produktpferd. Das beste Beispiel für jemanden, der mit einem Produktpferd bis an die Spitze kam, ist Lee Iacocca. Henry Ford hatte ihn aus seinem Job als Geschäftsführer von Ford gefeuert, doch dann wurde er bei Chrysler zu einer Legende. Aber wie war Iacocca zum Präsidenten von Ford geworden? Knapp ausgedrückt: Durch den Mustang. Der Mustang war das Pferd, auf dem Iacocca an die Spitze ritt. Hat er ihn entwickelt? Nein. Hat er ihn gebaut? Nein. Hat er die Vorzüge fremder Entwürfe erkannt? Ja.

Die Brüder Dick und Mac McDonald eröffneten ihr Drive-in-Hamburgerrestaurant 1948. Fünf Jahre später betrat Ray Kroc die Bühne. Ruhm und Reichtümer gingen an den, der das Konzept erkannte, nicht an die Erfinder.

DIE MACHT DES EINFACHEN

Ein Jahrhundert zuvor war Levi Strauss mit Stoffballen in San Francisco eingetroffen, um während des Goldrausches Zelte für die Goldgräber zu fabrizieren. Er stellte bald fest, daß sie genug Zelte hatten. Was die Goldsucher brauchten, waren Hosen, die fest genug waren, um bei ihrer harten Schürfarbeit standzuhalten. Levi Strauss stieß auf Gold, indem er aus seinem Zeltstoff Hosen fertigte. (Für die Taschennähte verwendete er Nieten, weil Zelte damals so hergestellt wurden.)

Mike Markhula ließ sich ein Stück auf dem Rücken eines Produktpferds namens Apple mitnehmen. Weil ihm gefiel, was er in der Garage von Steve Jobs und Steve Wozniak sah, investierte er 91.000 Dollar für einen Drittelanteil an dem jungen Unternehmen. Er half Steve Jobs dabei, einen Geschäftsplan zu schreiben, und verschaffte Apple einen Kredit bei der Bank of America. Er war älter und hatte mehr Erfahrung, aber er entschloß sich zur Zusammenarbeit, nicht zur Konkurrenz.

Auch auf das *Ideenpferd* läßt sich gut setzen. George de Maestral kam von einem Spaziergang in den Wäldern um Genf zurück und entdeckte Kletten, die an seiner Jacke hafteten. Unter dem Mikroskop stellte er fest, daß die Kletten winzige Haken hatten, die sich im Gewebe seiner Jacke verfingen. Er sah eine Möglichkeit, aus dieser Entdeckung Kapital zu schlagen. (In Kapitel 16 sind die verschieden Möglichkeiten für die Adaption einer Idee beschrieben.) Seine Neugier führte zum Klettverschluß Velcro, der ebenfalls mit winzigen Haken und Ösen funktioniert.

Wie erkennt man eine gute Idee? Hier sind einige Richtlinien.

Ist sie kühn? In jedem erfolgreichen Geschäft hat irgend jemand irgendwann eine mutige Entscheidung getroffen.

Ist sie einleuchtend? Wenn sie Ihnen und Ihren Mitarbeitern einleuchtend erscheint, dann wird sie auch dem Markt einleuchtend erscheinen und weit schneller zum Erfolg führen. (Bankautomaten waren keine neue Idee, als John Reed von Citicorp sie in New York City einführte.)

Wird sie voraussichtlich für Aufregung sorgen? Gute Ideen haben häufig einen stark wettbewerbsorientierten Ansatz. (Auf diese Weise brachte Anita Roddicks Body Shop die Kosmetikbranche in Aufruhr.)

Das *Andere-Leute-Pferd* funktioniert am allerbesten. Der andere kann Ihr Chef sein oder ein Kollege. Die meisten Leute betrachten Kollegen als Konkurrenten, nicht als mögliche Partner. Das ist schade. Sie haben weit größere Gewinnaussichten, wenn Sie die Leute um sich herum als mögliche Rennpferde betrachten.

Die andere Person kann ein Freund sein. Bill Gates und Paul Allen wurden im Labor in ihrer Schule in Seattle zu Freunden.

Er oder sie kann ein Mentor sein. Randall Jay Moore lernte von einem Zirkusdompteur einiges über Elefanten. Nach dessen Tod erbte er drei ausgewachsene afrikanische Elefanten. Heute betreibt Mister Moore einen 500.000 Morgen großen, höchst exklusiven Elefantensafaripark in Botswana. (Man könnte sagen, er hat auf einen Elefanten gesetzt.)

Er oder sie kann ein Partner sein. Die Atmosphäre des Gebens und Nehmens in einer Partnerschaft ermöglicht die Verfeinerung und Perfektionierung von Ideen. Beispiele:

Rogers and Hart, Simon and Garfunkel, Sonny and Cher, Siskel and Ebert.

Die andere Person kann auch ein Elternteil oder Verwandter sein. Es gibt 15 Millionen Unternehmen in Amerika, und fast 90 Prozent von ihnen werden von Familien kontrolliert, oder Familien haben einen erheblichen Anteil an ihnen. Sie reichen von kleinen Familienbetrieben hin zu einigen der Giganten (Anheuser Busch, Mars und Marriott, um nur einige zu nennen).

Zu viele Menschen vernachlässigen das Familienpferd. „Ich kann es allein schaffen", sagen sie sich. Jeder muß auf ein Pferd setzen. Warum nicht auf das aus Ihrem Elternhaus?

Zum Schluß noch einige Überlegungen zur „Karriereplanung".

Dies ist einer der großen Mythen in der amerikanischen Unternehmenswelt. Junge Leute stellen sich ein Land voller Mentoren und Manager vor, die sie fürsorglich bei jedem Schritt auf der Leiter begleiten. Während man aufsteigt, wird man gepflegt, geschult, geliebt und gefördert.

Vergessen Sie's. Niemand kennt die Zukunft. Zukunftsprognosen sind reine Selbsttäuschung.

Die Karriereplanung bei Wang wurde recht schwierig, als der PC die reine Textverarbeitung überholte und die Firma an den Rand des Abgrunds drängte.

Karriereplanung bei General Foods wurde zu einem drückenden Problem, als Philip Morris die Firma übernahm.

Bei MCI waren Karriereplanungen hinfällig geworden, als die Hotshots von Worldcom auftauchten.

ERFOLG

Die besten Aussichten haben Sie, wenn Sie ein Pferd finden und sich an ihm festklammern. Reiten ist besser als planen.

EINFACHE ZUSAMMENFASSUNG

Erfolg finden Sie nicht in sich selbst, sondern außerhalb Ihrer selbst.

KAPITEL 22

Die Kritiker

Einfachsein ist nicht leicht

Um wieviel leichter ist es doch, Kritik zu üben, als richtig zu handeln.

Benjamin Disraeli

Wie wir bereits anfangs erwähnten, bewundern die Menschen Komplexität, selbst wenn sie sie nicht verstehen. Aufgrund des „Einfaltspinselfaktors" sind Sie in Gefahr, verlacht zu werden, wenn Sie sich um Einfachheit bemühen. Das gilt besonders für die Vertreter von Komplexität, die entweder Geld mit ihr verdienen oder sich hinter ihr verstecken, um keine Entscheidungen treffen zu müssen.

Die Kommentare Ihrer Kritiker werden ganz unterschiedliche Form annehmen. Sie sollten also darauf vorbereitet sein, sich zu verteidigen. Hier sind einige der beliebtesten kritischen Äußerungen:

1. **Man behauptet, Sie „vereinfachen" den Sachverhalt.**
   Die Kritiker bezeichnen Sie als simplifizierend und verlangen nach einer weit raffinierteren Lösung. Wie soll etwas so Einfaches funktionieren? Schauen Sie Ihnen in die Augen und zitieren Sie den britischen Schriftsteller Thomas Hazlitt: „Ein einfacher Charakter ist die natürliche Folge tiefgründigen Denkens."

2. **Man wirft Ihnen vor, die „Sache nicht zu verstehen".**
   Die Kritiker sagen, das vorliegende Problem sei so komplex, daß es zwangsläufig eine komplexe Lösung erfordert, und Ihnen entgingen offenbar die Einzelheiten. An dieser Stelle sollten Sie Winston Churchill zitieren: „Aus enormer Komplexität tritt ganz Einfaches hervor."

3. **Man antwortet Ihnen: „Das wissen wir alles".**
Man erklärt Ihre einfachen Antworten als zu offensichtlich und primitiv. Ihre Kritiker fordern Alternativen. Es muß eine bisher unbekannte Lösung des Problems geben, etwas, an das noch niemand gedacht hat. Hier können Sie Henri Deterding bemühen, den Generaldirektor von Royal Dutch Oil: „Immer wenn mir ein Vorschlag unterkam, den ich nach einiger Überlegung nicht auf einfachste Begriffe zurückführen konnte, habe ich ihn verworfen."

4. **Man wirf Ihnen vor, Sie seien „denkfaul".**
Sie werden dafür kritisiert, keine weiteren Überlegungen anzustellen und zusätzliche Informationen zu besorgen. Ihre Kritiker gehen von der Annahme aus, wenn es komplex aussieht, sei sehr viel mehr Anstrengung erforderlich als ein einfacher, wenig detaillierter Vorschlag. Antworten Sie Ihren Kritikern mit den Worten des berühmten Physikers Edward Teller: „Sich im Leben, in der Welt, in der Zukunft um Einfachheit zu bemühen, ist ein höchst wertvolles Unterfangen."

Haben Sie Mut. Bemühen Sie sich um Einfachheit, und Sie stehen auf der Seite der führenden Denker der Welt. Albert Einstein, einer der besten von ihnen, drückte es so aus: „Besitztümer, sichtbarer Erfolg, Berühmtheit, Luxus sind mir immer verachtenswert erschienen. Ich glaube, eine einfache und bescheidene Lebensweise ist für jedermann am besten, am besten für den Körper und am besten für den Geist."

DIE KRITIKER

EINFACHE ZUSAMMENFASSUNG

Am besten rächen Sie sich an Kritikern, indem Sie recht behalten.

Schluß-
bemerkung

Verstehen Sie uns: Nicht jeder will sich in „Komplexität" vertiefen. Diejenigen, die sich um Einfachheit bemühen, kommen sehr gut zurecht.

KAPITEL 23

Einfachheit
Ihre Kraft ist ungebrochen

Nichts ist einfacher als Großartigkeit. Im Grunde ist einfach zu sein bereits großartig.

Ralph Waldo Emerson

Am Beginn dieses Buches befaßten wir uns mit dem Übel der Komplexität und wie sie einen daran hindern kann, das Richtige zu tun. Ans Ende wollen wir die Überlegung stellen, daß Einfachheit so mancher Erfolgsgeschichte in der Geschäftswelt zugrunde liegt. Einige haben wir erwähnt, etwa Procter & Gamble, andere noch nicht.

Es folgt eine Auswahl unterschiedlicher Unternehmen aus unterschiedlichen Geschäftsbereichen, die sich die Macht des Einfachen zunutze machen.

Papa John's Pizza. John's Erfolg in der Produktkategorie Pizza wurde bereits an anderer Stelle erwähnt. Dieser Erfolg führte dazu, daß die Firma von der Zeitschrift *Restaurants & Institutions* in zwei aufeinanderfolgenden Jahren zur „besten Pizzakette Amerikas" gewählt wurde.

Als wir Firmengründer John Schnatter nach seinem Erfolg befragten, gab er folgende Antwort:

„Es gibt kein Geheimnis, das für unseren Erfolg verantwortlich wäre. Alles hängt von besseren Zutaten, Qualität und altmodischer harter Arbeit ab. Der wichtigste Unterschied zu anderen ist, daß wir alles ganz einfach belassen. Es ist nicht so, daß wir keine komplizierte Pizza backen könnten, wie Pizza mit gefüllter Kruste. Aber wir haben uns vor 13 Jahren entschieden, eine bessere Pizza auf italienische Art zu machen. Heute stellen wir ein besseres Produkt her als jeder andere auf der Welt. Um auf dieses

Produktionsniveau zu gelangen, mußten wir einige andere Produkte aufgeben. Auch andere Dinge halten wir ganz einfach. Jede Niederlassung verwendet denselben Mixer, dasselbe Wasserfiltersystem, denselben Ofen und selbst dieselben Computer. Auf diese Weise haben wir kontinuierlich dieselbe Qualität und vermeiden Fehler."

In nur 13 Jahren hat diese einfache Methode für jährliche Verkaufszahlen von fast 900 Millionen Dollar gesorgt.
Die Macht des Einfachen.

Chick-fil-A. Auch dieses Hühnchenrestaurant kam mit einer einfachen Idee zum Erfolg im Land des Schnellimbiß. „Wir haben nicht das Hühnchen erfunden", lauten die Anzeigen, „sondern das Hühnchensandwich."

Chick-fil-A serviert Hühnchensandwiches heute noch so wie vor 35 Jahren. Neue Produkte werden nur sehr selten eingeführt. Sonderangebote für „begrenzte Zeit" gibt es keine.

Hinsichtlich der Zahl der Niederlassungen und der Ausgaben ist Chic-fil-A Firmen wie McDonald's, Burger King und Wendy's im Verhältnis eins zu sechs unterlegen, doch das Unternehmen verkauft heute Hühnchensandwiches im Werte von 750 Millionen Dollar.
Die Macht des Einfachen.

Southwest Airlines. Was Herb Kelleher aufgebaut hat, ist zu einer der rentabelsten und erfolgreichsten Fluggesellschaften Amerikas geworden. Gegründet wurde die Firma mit dem Vorhaben, alles so einfach wie möglich zu gestalten. Zunächst einmal gab es nur einen Flugzeugtyp, die Boeing

737. Das erleichterte Piloten und Wartungspersonal die Arbeit.

Dann gab es keine Platzzuteilung, sondern nur wiederverwendbare Bordkarten aus Plastik. Damit gab es kein Gedränge um die Plätze mehr. Man mußte nicht mehr eine halbe Stunde vor Abflug an Bord gehen. Und vor allen Dingen kamen keine Buchungsfehler mehr vor. Bei Southwest gehen Sie an Bord, und die Maschine hebt ab. Sie sparen Zeit. Der Flieger kommt pünktlich an.

Mieses Essen gab es auch keines mehr – es wurde nämlich überhaupt kein Essen mehr serviert. Was man beim Preis eines Tickets von Southwest einspart, kann man nun in einem Feinschmeckerrestaurant am Zielort ausgeben. Außerdem gibt es keine Wartezeit mehr, bis das Essen an Bord geladen ist.

Umsteigen gibt es nicht mehr. Sie fliegen direkt zu Ihrem Zielflughafen. Geflogen wird die kürzeste Distanz zwischen zwei Orten, weil es schneller ist. Außerdem spart die Gesellschaft Treibstoff und kann günstigere Flüge anbieten.

Southwest vermeidet Riesenflughäfen wie O'Hare oder Dallas/Fort Worth, wo man eine Stunde lang nach seiner Abflughalle suchen muß. „Schnell rein und schnell davon", lautet die Devise der Gesellschaft.

Angesprochen auf das Bemühen seiner Firma um Einfachheit erzählt Herb folgende Geschichte:

„Als Southwest 1971 anfing, benutzten wir Tickets aus Registrierkassen, die aussahen wie Busfahrscheine. Wir erhielten eine Reihe von Beschwerdebriefen von unseren Kunden: 1. Sie warfen die Tickets versehentlich in den Müll, weil sie so unscheinbar aussahen. 2. Ihre Haustiere fraßen sie auf. 3. Sie gerieten in die Waschmaschine und wurden bis zur Unkenntlichkeit zerfledert. Es wurde der Vorschlag gemacht, für mehrere Millionen Dollar ein computerisiertes Ticketsystem einzuführen, um das Problem zu beheben. Während der Diskussion schlug einer unserer Vizepräsidenten vor, einfach unsere Registrierkassen zu modifizieren, so daß sie deutlich „DIES IST EIN FLUGTICKET" auf die Flugscheine druckten. Genauso haben wir es gemacht, und das Problem war gelöst."

Die Macht des Einfachen.

Der Palm Pilot Organizer. Dieses Produkt ist nicht nur ein Verkaufsschlager – es erlangt langsam Kultstatus. *Business Week* berichtete (24), daß bei einem Treffen Präsident Clintons mit seinem Beraterausschuß für Hochtechnologie 1998 in Santa Clara, Kalifornien, 15 der 22 Komiteemitglieder einen Palm zur Hand nahmen, um zukünftige Treffen einzutragen.

Erstaunlich ist, daß dieses Produkt Erfolg hatte, obwohl so viele andere auf der Müllhalde der veralteten Produkte gelandet sind – von Sonys Magic Link bis hin zu Apples Newton. Gerry Purdy, der Präsident des Marktforschungsunternehmens Mobile Insights, bemerkte: „Die Firma ist ein leuchtender Stern auf einem Friedhof erbärmlicher Fehlschläge."

Was war das Erfolgsrezept des Palm? Er wurde für einige wenige Funktionen entwickelt, damit er den PC ergänzt und nicht versucht, ihn zu ersetzen. Dafür war erforderlich, daß man ihn an einen Desktopcomputer anschließen und mit einem Knopfdruck Telefonnummern auswechseln oder Terminpläne aktualisieren konnte. „Einfache Anwendbarkeit war unser Motto", sagt Donna Dubinsky, die Leiterin der Palm-Division von 3Com. So schuf sich die Firma eine treue Anhängerschaft.

Selbst die allmächtige Konkurrenz von Microsoft konnte keinen Boden gewinnen. Dies scheint sogar wirklich ein Marktbereich zu sein, in dem Microsoft eindeutig als Verlierer dasteht. Trotz Geld und starkem Marketing hat Windows CE ein großes Handikap: Es ist so voll von Funktionen, daß es weit umständlicher zu handhaben ist als das Gerät von 3Com. Das ist einer der Gründe, warum die meisten Experten überzeugt sind, daß der Palm den Kleingerätemarkt noch einige Jahre lang beherrschen wird.

Die Macht des Einfachen.

Kohl's Kaufhäuser. *Fortune* bezeichnete Kohl's als „den besten Einzelhändler, von dem Sie niemals gehört haben". Bei einem Umsatz von 3 Milliarden Dollar erlebt die Firma einen Anstieg des Aktienpreises, der den Neid von Sears und Wal-Mart weckt.

Fortune beschreibt Kohl's mit den Worten: „Das Unternehmen hat eine einzigartige Position gefunden, um die großen Massen Mittelamerikas zu bedienen – nicht zu teuer, nicht zu billig. Dies ist, wie so vieles andere an der Firma, einfach, aber raffiniert." (25)

Der Schlüssel zum Erfolg lag darin, Einkaufen weniger umständlich zu machen. Auf dem Schreibtisch von Vizepräsident Jim Tinglestad steht ein Schild mit der Aufschrift: „Keine Überraschungen."

Damit ist die Philosophie von Kohl's in zwei Worten zusammengefaßt: Kein großes Getöse, sondern einfach nur Fleisch und Kartoffeln als Kunstform. „Wir tun 20 einfache

Dinge, die zusammen große Wirkung haben", sagt der geschäftsführende Direktor John Herma. „Entscheidend ist die immer gleiche Durchführung."
Die Macht des Einfachen.

Wine Group. Dies ist ein weiteres Unternehmen, von dem Sie vermutlich noch nie gehört haben. Doch ihm gehören einige der erfolgreichsten Weinmarken der USA. Um nur ein paar zu nennen: Franzia, der meistverkaufte Wein in Amerika, Corbett Canyon, die am schnellsten wachsende Marke in Amerika und Mogen David, ein äußerst erfolgreicher koscherer Wein.

Wer das kleine, spärlich eingerichtete Büro der Firma in San Francisco betritt, ist erstaunt, wie einfach bei Wine Group alles ist.

Sprechen Sie Geschäftsführer Art Ciocca auf die einfache Gestaltung betrieblicher Vorgänge an, kann er seine Begeisterung nicht verbergen:

„Einfachheit übernimmt eine Organisation nicht automatisch. Es funktioniert nur, wenn sie von der Unternehmensspitze abwärts gepflegt und Bestandteil der Unternehmenskultur wird. Es hilft, wenn auch der Geschäftsführer sich sein Leben gern einfach gestaltet. Mir persönlich mißfallen lange Memos im Beamtenstil, und ich lese nur selten Memos, die länger sind als eine Seite. Unser Geschäft ist glücklicherweise einfach. Wir machen Wein so, wie er bereits vor 8000 Jahren gemacht wurde.
Klar, wir haben hochmoderne, computerbetriebene Anlagen, aber die Grundlagen sind noch immer dieselben – bessere und effizientere Weinherstellung. Aus diesem

EINFACHHEIT

Grunde stelle ich ernsthaft den Wert jedes Memos in Frage, das über eine Seite lang ist. Wenn eine Idee nicht auf einer Seite dargelegt werden kann, stimmt wahrscheinlich etwas nicht mit ihr. Ich schicke zwar keine langen Memos mehr zurück, aber ich hoffe, allein die Androhung bringt die Leute dazu, klug und einfach zu denken. Heute, nach fast 25 Jahren, ist Einfachheit eine der Säulen unserer Unternehmenskultur, und wir sind eines der größten Unternehmen in der Weinbranche mit 24 Mio. verkauften Kisten. Daß wir so weit gekommen sind, verdanken wir großteils der Einfachheit in den Geschäftsabläufen, die heute für uns noch wichtiger ist als früher."

Die Macht des Einfachen.

Find/SVP. Andy Garvin stieß auf seine einfache Idee, als er in Paris für die Zeitschrift *Newsweek* arbeitete. Er hatte den Auftrag erhalten, einen Bericht über Marcel Bich, den Gründer der Bic Corporation, zu schreiben, und benötigte schnell einige Informationen. Er tat genau das, was alle Pariser Mitarbeiter der Zeitschrift tun: Er griff zum Telefonhörer und wählte die Nummer von SVP.

SVP – kurz für S'il Vous Plait – ist eine Institution in der französischen Geschäftswelt. Gegründet wurde der Informationsdienst mit der einfachen Vorgabe: Wenn Ihr Unternehmen eine Frage hat, finden wir die Antwort.

Andy Garvin war Sohn und Enkel erfolgreicher Unternehmer. Ihm ging daraufhin ein Licht auf. Er konnte dieses französische Konzept übernehmen und in Amerika einführen. (In Kapitel 16 geht es um „die Ideen anderer Leute".)

Garvin machte sich mit allen Einzelheiten des Betriebs von SVP vertraut. Als er zurück nach New York ging, verfügte er über Fakten, Zahlen, Methoden und eine Lizenzvereinbarung.

„Das Konzept funktioniert, weil die Informationen, die die meisten Organisationen benötigen, bereits irgendwo existieren", erläutert Garvin. (Wieviel Lammfleisch exportierte Neuseeland im vergangenen Jahr? Können Sie in allgemeinverständlichen Worten erklären, was COBRA ist? Wer stellt diese digitalen Dinger her? Um solche Fragen geht es.)

„Doch das Auffinden der Information ist mühsam", sagt Garvin. „ Die meisten Menschen sind entweder in großer Eile, oder sie wissen nicht, wo sie suchen müssen. Wir machen ihnen die Sache leicht."

Die Firma, die er gründete – Find/SVP – begann als Zweimannbetrieb mit einer zwei Meter langen Regalwand mit Nachschlagewerken. Heute ist es eine Aktiengesellschaft mit einem Gesamtwert von 30 Millionen Dollar, die über 100 Mitarbeiter beschäftigt.

Die Macht des Einfachen.

Charles Industries Ltd. Zuhause ist es am schönsten. Viele Unternehmen sind ins Ausland gegangen, um Lohn- und Produktionskosten zu senken. Charles Industries, ein kleiner Hersteller von elektronischen Komponenten aus dem amerikanischen Mittelwesten, machte da keine Ausnahme. Doch während das Unternehmen wuchs, stieß es im Ausland auf mehr und mehr Probleme: Fehler bei der Qualitätskontrolle, höhere Versand- und Inventarkosten, chaotischer Kundendienst.

Die einfache Lösung? Zurück nach Hause ziehen.

Die Firma schloß ein Werk auf den Philippinen und erweiterte ein bestehendes in Marshall, Illinois. Eine Fabrik auf Haiti wurde geschlossen und die Operationen nach Jasonville, Indiana verlegt. Dann wurden die von einer anderen Firma übernommenen Produktionsanlagen von Nogale in Mexiko zu den beiden Werken in Indiana und Illinois verlegt. (In ländlichen Gegenden können Sie eine Fabrik für einen Quadratmeterpreis von etwa 45 Dollar bauen, was Sie im großstädtischen Raum um die 270 Dollar kosten würde.)

Gut, die Lohnkosten sind höher. Aber dafür steigt die Produktivität, und die Rate fehlerhafter Produkte sinkt. Seit Charles Industries den Betrieb durch seine Rückkehr vereinfacht hat, sind die Einnahmen auf 100 Millionen Dollar gestiegen.

Die Macht des Einfachen.

Stanislaus Food Products. Dies ist Amerikas „echt italienisches" Tomatenunternehmen mit dem polnischen Namen. Wie bereits in Kapitel 12 erwähnt, beliefert die Firma eine Vielzahl kleiner italienischer Restaurants überall in den USA mit Tomaten und Tomatensauce und beherrscht diesen Markt. Geschäftsführer Dino Cortopassi klingt recht simpel, wenn er über seinen Ansatz und dessen Erfolg redet: „Ich will einfach nur Jahr für Jahr die beste Tomatensauce in der Branche abfüllen."

Wenn Sie billigere, künstlich aufbereitete und mit Wasser verdünnte Soße statt frischer wollen, hält er Ihnen einen Vortrag darüber, warum das, was Sie wollen, Unsinn ist. Wenn Sie vor seinen höheren Preisen zurückschrecken, beendet er das Gespräch und wünscht Ihnen viel Erfolg. Wenn Sie ihn während der Entenjagdsaison sprechen wollen, müssen Sie warten, bis er zurückkommt.

Dino hat sich entschieden, sein Geschäft einfach zu halten und nur eine Sache zu machen, aber die gut. Damit hat er auch sein Leben vereinfacht und viel Freiraum für seine Familie und Freunde sowie Freizeitvergnügen geschaffen. Er tut, was er will, und wann er will.

Das, meine Damen und Herren, ist die Macht des Einfachen.

EINFACHE ZUSAMMENFASSUNG

Halten Sie sich an das Einfache, es wird Ihnen guttun.

Anmerkungen

1. Zachary Schiller, „Make It Simple", in: *Business Week*, 9. September 1996, Seite 96 – 104.
2. Henry Mintzberg, „Musings on Management", in: *Harvard Business Review*, Juli/ August 1996, Seite 61.
3. Andrew Ferguson, „Now They Want Your Kids", in: *Time*, 2. September 1997, Seite 64.
4. „Jargon Watch", *Fortune*, 3. Februar 1997, Seite 120.
5. Noel Tichy/Ram Charan, „Speed, Simplicity, Self-Confidence: An Interview with Jack Welch", in: *Harvard Business Review*, September/ Oktober 1989, Seite 114.
6. Robert Lenzer/Stephen S. Johnson, „Seeing Things as They Really Are", in: *Fortune*, 10. März 1997, Seite 125.
7. Alan Farnham, „In Search of Suckers", in: *Fortune*, 14. Oktober 1996, Seite 119.
8. John Micklethwait/ Adrian Wooldridge, *The Witch Doctors*; New York: Time Books, 1996.
9. Farnham, „In Search of Suckers".
10. Jeffrey F. Rayport/ John J. Sviokla, „Competing in Two Worlds", *McKinsey Quarterly Magazine*.
11. Peter Drucker, *The Effective Executive*, Seite 134 – 135.
12. Robert J. Dolan/ Hermann Simon, *Power Pricing: How Managing Price Transforms the Bottom Line*; New York: Free Press, 1997; dt.: Profit durch Power Pricing, Campus Verlag
13. Pamela Goett, „Mission Impossible", in: *Journal of Business Strategy*, Januar/ Februar 1977, Seite 2.
14. Jeffrey Abrahams, *The Mission Statement Book*; Berkeley, Ca.: Ten Speed Press, 1995.

15. Jeremy Bullmore, „Was There Life before Mission Statements?" in: *Marketing Magazine*, 10. Juli 1997, Seite 5.
16. Thomas Petzinger, Jr., „The Frontlines", in: *The Wall Street Journal*, 20. Januar 1998, Seite B-1.
17. Alex Osborn, *Applied Imagination;* Creative Education Foundation, 1993.
18. 9. März 1998.
19. 6. Januar 1998.
20. 12. März 1998.
21. 23. Februar 1998.
22. Alan Wolfe, „White Magic in America", in: *The New Republic*, 23. Februar 1998, Seite 26 – 34.
23. Ron Zemke „Embracing the Witch Doctors", in: *Training Magazine*, Juli 1997, Seite 41 – 45.
24. Andy Reinhardt, „Palmy Days for 3Com?", in: *Business Week*, 16. März 1998, Seite 104 – 106.
25. Anne Faircloth, „The Best Retailer You've Never Heard Of", in: *Fortune*, 16. März 1998, Seite 110 – 112.

EINE EINFACHE

Literaturliste

Wer mehr über einige der wichtigsten Themenbereiche in „*Die Macht des Einfachen*" erfahren möchte, findet hier eine Liste von Büchern, die mehr Details enthalten. Es lohnt sich, sie zu lesen oder zumindest durchzublättern.

Adams, Scott. *The Dilbert Principle*; New York: HarperCollins, 1996; dt.: *Das Dilbert Prinzip*, München: Heyne.
Zum Schreien komisch, aber trifft genau auf den Punkt, wenn es um modische Managementmethoden und anderen Unsinn geht.

Drucker, Peter. *The Practice of Management*; New York: Harper & Row, 1954; dt.: Die Praxis des Managements, München: Econ.
Ders. *The Effective Executive*; New York: Harper Business, 1966; dt.: Die ideale Führungskraft, München: Econ.
Ders. *Managing in a Time of Great Change*; New York: Truman Talley Books, 1995; dt.: Weltwirtschaftswende, München: Langen Müller.
Die Quelle für gesunden Menschenverstand und durchdachte Empfehlungen. Sie können jedes seiner Bücher lesen und werden viel lernen. Die obengenannten Titel sind drei unserer Lieblingsbücher von Drucker.

Flesch, Rudolph; *How to Write, Speak and Think More Effectively*; New York: Harper & Row, 1960.
Sein Leben lang kämpfte der mittlerweile verstorbene Dr. Flesch gegen unpräzises Denken und verschwommenes Schreiben. Dies ist eines seiner bedeutendsten Bücher. Es ist voll von Beispielen, Übungen und Checklisten.

Micklethwait, John, und Adrian Wooldridge; *The Witch Doctors*; New York: Times Books, 1996.

Zwei Mitarbeiter des Economist untersuchen die Management-Gurus und entlarven jede Menge Unsinn. Gelungene Abschnitte über die Propheten (Peter Drucker), die Evangelisten (Tom Peters) und die New-Age-Prediger (Tony Robbins, Stephen Covey).

Peppers, Don; *Enterprise One to One*; New York: Doubleday, 1997; dt.: *Die 1:1 Zukunft*, Haufe Management-Praxis.

Ein übertrieben komplexer, aber nützlicher Blick auf die Möglichkeiten der Technologie, Kunden zu halten.

Ries, Al; *Focus*. New York: HarperCollins, 1996.

Unser ehemaliger Partner Al Ries legt in großer Detailfülle dar, warum eine Firma das tun sollte, was sie am besten kann.

Shapiro, Eileen C. *Fad Surfing in the Boardroom*; Reading, Massachussetts: Addison-Wesley, 1995.

Frau Shapiro nimmt die Modeerscheinungen aufs Korn, die die Geschäftswelt überschwemmen. Allein das „Schlagwortregister" ist schon den Preis des Buches wert.

Shenk, David; *Data Smog*; New York: HarperCollins, 1997.

Wir werden von Informationen erdrückt, die unseren Verstand betäuben. Ein intelligenter Blick auf Möglichkeiten, mit diesem Überangebot fertigzuwerden.

Townsend, Robert: *Up the Organization*

Robert Townsend schrieb ein Standardwerk über die Schwächen von Unternehmen und wie sie zu vermeiden sind.

Trout, Jack, und Al Ries; *Marketing Warfare*; New York: McGraw-Hill, 1986.

Die Bibel für den Umgang mit der Konkurrenz. Dieses Buch wird Sie zu einem Killer machen.

Dies. *The 22 Immutable Laws of Marketing*; New York: HarperCollins, 1993; dt.: *Die 22 unumstößlichen Gebote im Marketing*, München: Econ Verlag.

Wie gesagt, Sie verstoßen gegen diese Gesetze auf eigene Gefahr.

Trout, Jack, und Steve Rivkin; *The New Positioning*; New York: McGraw-Hill, 1995; dt.: *New Positioning*, München: Econ Verlag.

Wichtige Einblicke zum Thema Differenzierung und zum Aufbau von Wahrnehmungen auf dem entscheidenden Schlachtfeld, dem Kopf Ihrer möglichen Kunden.